열가지 회개 이야기

이종필 지음

킹덤처치연구소

회개

하나님 나라를 누리기 위한 유일한 조건

20대 초반, 청춘의 절정기에 나는 방황하고 있었다. 모태신앙으로 어린 시절을 보내며 스무 살에도 여전히 교회에서 주일을 보냈다. 중고등학교 친구들은 대학에 붙은 나를 부러워했지만, 정작 나는 사람들 사이에 있어도 늘 외로웠고, 성공을 위해 발버둥 칠수록 더욱 불안했다. 신앙이 없는 친구들에게 의지했고, 그들이 하자는 대로 끌려다녔다. 늘 열등감으로 가득했고, 신경은 늘 예민했다. 영혼의 방황은 육체의 질병으로 전이되었다. 심각한 위장병으로 약이 없으면 하루도 버틸 수 없게 되었다. 스스로 나 자신의 삶에 너무나 불만이 많았지만, 그 삶에서 벗어날 힘이 없었다. 분명 나는 거대한 어둠의 세력의 포로가 되어 끌려가고 있었다. 분명 지옥을 경험하고 있었다.

원인을 찾아야 했다. 나는 원래 10대까지 이런 어두운 느낌을 느껴본 적이 없었기에, 처음 겪어보는 이 지옥 같은 삶을 벗어나기 위해 무엇이 잘못되었는지 돌아보아야 했다. 다곤 신전에서 짐승과 같은 부끄러운 하루하루를 보내고 있었던 삼손도 생각났고, 왕이 되었음에도 늘 열등감과 질투에 시달리며 주변 사람들과 자녀들에게까지 책망을 받았던 사울도 생각났다. 비참할 정도로 가난했지만 늘 행복하고 긍정적이고 성실하게 살아왔던 스무 살까지의 삶과 그 이후 방황의 시간 사이에 유일한 차이는, 내 삶을 내 것으로 생각하고 하나님을 멀리한 것뿐이었음을 깨닫게 되었다. 나는 힘 주신 하나님을 저버린 삼손이었고, 높여주신 하나님께서 주신 사명을 멀리하고 자신의 권력 유지에 온 에너지를 사용하고 있었던 사울이었으며, 아버지의 유산을 가지고 아버지의 집을 떠나 먼 나라로 간 탕자였다. 교회는 다니고 있었고, 스스로 그리스도인이라는 사실을 부인하지는 않았지만, 내 삶의 주인은 분명 나였다.

스스로 군입대를 선택했다. 이것은 회개하려는 내 마음의 구체적 표현이었다. 하나님 나라를 향한 갈망의 표현이었다. '회개하라 천국이 가까이 왔느니라'(마 4:17), '때가 찼고 하나님의 나라가 가까이 왔으니 회개하라'(막 1:15). 하나님 나라는 멀리 있는 것이 아니라 '너희 안에 있다'(눅 17:21)는 말씀을 붙들었다. 주님을 믿는다고 하면서도 하나님의 다스리심을 거부했던 삶에서 돌이키는 진정한 회개를 갈망했다. 회개 이후에 주어질 '하나님 나라'를 소망했다. 나는 분명 그런 삶을 체험한 적이 있었기에, 어린 시절로 돌아가 다시금 내 정체성을 하나님께 두고, 나의 삶은 오로지 주님의 것이라는 믿음 안에서 삶을 설계하고 싶다는 마음을 가지고 고된 훈련을 이겨냈다. 그리고 휴가도, 편한 보직도, 잔꾀도 포기하고 오직 신앙으로 나를 새롭게 하고자 군생활 중에도 주님께 집중했다. (나와 군생활을 함께 했던 이들이 증인이 되어줄 것이다) 상병이 되었던 어느 가을 밤, 주님께서는 놀라운 은혜를 베푸셨고, 내 삶의 주권이 온전히 하나님께 있음을 고백하며 내 남은 평생을 하나님께 드렸다. 무슨 엄청난 죄를 저질러서가 아니라, 내 삶을 내 뜻대로 살고 싶었던, 세상의 유혹을 따라 세상의 성공을 소망했던 나의 존재 자체를 회개했다. 거기서 멈추지 않고 무엇을 시키시든지 내 삶을 드려 무조건 순종하겠다고 눈물로 고백했다.

진실했던 것 같다. 하나님께서 인정하셨던 것 같다. 그날 밤부터 내 마음은 천국으로 변했다. 이것은 나만 알 수 있는 변화가 아니었다. 내 주변 사람이 모두 알 수 있는 변화였다. 주위에서 걱정이 없어 보인다, 뭔가 모를 당당함이 있어 보인다, 마음이 건강한 것 같다고 했다. 내가 그 전 몇 년 동안 듣지 못했던 말을 듣기 시작했다. 분명 하나님 나라가 나에게 왔다. 평강과 희락이 내 감정을 지배했다. 나는 분명 그의 나라를 느낄 수 있었다. 미래에 대한 염려가 거의 없어졌다. 열정을 다해 하나님께서 가라고 하시는 길을 갈 수 있었다. 이후 내가 사역지에서 만난 청년들도 내가 뭔가 다른 삶을 살고 있다는 것을 느꼈던 것 같다. 목회자의 길을 가면서 계속해서 하나님의 뜻에 순종하기 위해 회개가 필요했다. 그리고 회개는 하나님 나라가 내 안에 지속되도록 하는 유일한 조건임을 알 수 있었다.

예수님을 믿었다면, 그분이 우리에게 주시려는 영생의 삶, 풍성한 삶, 하나님 나라를 누리는 삶을 목표로 살아야 한다. 죽음 이전에 이생에서 이미 우리에게 주어질 영혼과 육체의 새로운 상태, 영원한 하나님 나라의 현세적 버전으로서의 하나님 나라를 체험하며 살기를 소망해야 한다. 우리에게 가까이 온 하나님 나라를 누리기 위한 유일한 조건은 회개다. 그러나 우리 대부분에게 회개는 그저 내가 죄인이라는 것을 습관적으로 고백하는 것 정도로 인식되어 있다. 회개하면 죄가 없어지고 죽어서 천국에 갈 수 있다는 내세적 개념에 고착되어 있다. 부분적으로 맞는 말이긴 하지만, 회개는 삶의 주인을 바꾸는 것이며 전혀 다른 방식의 삶을 살아가는 것이다. 옛 사람을 벗어버리고 새 사람을 입는 것이다. 이것은 나에게도 부인할 수 없는 분명한 실제로 다가왔으며, 다른 이들도 부인할 수 없는 분명한 변화로 체험되었다. 회개는 자신이 죄인이라는 인식의 단계를 넘어, 자신의 비참한 현실을 슬퍼하는 감정적 수준을 지나, 주님을 주인으로 인정하고 살아가는 의지적·실제적 변화에 도달하게 된다. 이것은 오랜 시간의 훈련이 필요하다. 결국 하나님의 통치에 순종하는 삶이 익숙해지고, 즐거워지기까지 하는 단계까지 가야 진정으로 하나님 나라를 누리는 삶이 현실이 된다. 회개는 인식의 단계, 감정의 단계, 의지의 단계까지 실제로 변화되는 과정이다. 새로운 이야기가 우리를 지배하도록 자신을 내어드리는 오랜 과정이다. 하나님 나라를 누리는 삶, 그리스도의 제자로 살아가는 삶, 하나님의 백성으로 평강과 기쁨을 누리는 삶으로 나아가기 위한 과정은 운동을 배우는 것과 같다. 지식이 몸에 익숙해질 때까지 실천을 반복하는 것이다. 제임스 K. A. 스미스의 말에 주의를 기울여 보라.

"제자도는 일종의 이민과 같아서, 어둠의 왕국에서 하나님이 사랑하시는 아들의 왕국으로 이주하는 것이다. 그리스도 안에서 우리는 천상의 여권을 받는다. 그분의 몸 안에서 그 왕국의 '주민'처럼 사는 법을 배운다. 새로운 왕국으로 옮겨가는 것은 다른 영토로 순간 이동하는 것이 아니다. 새로운 삶의 방식에 익숙해지고 새로운 언어를 배우고 새로운 습관을 획득해야 한다. 경쟁하는 왕국의 습관을 버려야 한다. 기독교 예배는 우리가 하늘의 시민, 장차 올 왕국의 백성으로 변해가는 과정이다."

"새로운 정보(information)만으로는 잘못된 형성(deformation)에서 해방될 수 없다. 하나님은 감각적인 경쟁적 예전이 지닌 잘못된 형성을 초래하는 습관을 만들어 내는 힘으로부터 우리를 구원하기 위해 책만 주지 않으셨다. 오히려 그분은 우리를 성경 이야기로 가득 차 있을 뿐만 아니라 그 이야기를 우리 마음에 새겨 넣음으로써 우리 에로스의 방향을 조정하는, 몸으로 행하는 다른 예전으로 초대하신다."

"덕을 실천하려면 실천이 필요하다. 이러한 도덕적 성향, 하나님 나라를 반영하는 성향은 거듭 행해지는 주기와 반복, 의례를 통해 성품에 새겨진다. 이를 통해 당신 안에 있는 어떤 목적(텔로스)을 지향하는 성향이 자리를 잡고, 그것이 성품의 특징, 곧 '생각하지 않아도' 갖게 되는 일종의 습득된, 제2의 천성과 같은 기본적 지향성을 이루게 된다. 그런 성향이 '자연적'이지 않다는 점을 인식하는 것이 중요하다. 이것은 타고난 생물학적 구조나 선천적 본능에 관한 이야기가 아니다. 모방과 실천을 통해 배우고 습득하는 것이다. 골프 스윙이나 피아노 연주를 연습할 때 생물학적 근육이 훈련되는 것과 똑같은 방식으로 훈련된 도덕적 근육을 갖게 된다."

― 제임스 K. A. 스미스, 『습관이 영성이다』

회개는 돌이키는 것이다. 구약에서 회개를 의미하는 '슈브'라는 단어는 턴 어라운드, 유턴하는 것이다. 우리가 그리스도인이라면 다른 건 몰라도 회개는 알아야 한다. 아니, 정확히 알아야 하며, 경험해야 한다. 세례를 받았지만 예수와 함께 죽고 부활에 이르지 못하면, 회개하고 주님이 통치하는 새 삶에 이르지 못하면, 교회는 다니면서도 하나님 나라를 누리지는 못하는 것이다. 어쩌면 그런 신앙은 가장 불쌍한 신앙이다. 학교는 다니는데 공부는 꼴등인, 피트니스센터 다니는데 근육은 없고 건강은 최악인 삶이다.

단테의 『신곡』 중 '연옥'은 사후에 천국에 가기 위한 회개의 과정이다. 연옥의 산을 오르며 이생에서 지은 죄에 대한 벌을 받으면서 참회하면 죄가 씻겨지고, 망각의 강 레테를 지나 천국에 이른다. 그러나 이는 성경적이지 않다. 단테가 묘사한 연옥은 내세에 존재하는 것이 아니라 이 세상에서 예수를 믿기 시작했다면 우리에게 주어지는 연단의 기간이다. 이 연단의 끝에 하나님 나라를 누린다. 단테가 다룬 7가지 죄, 내가 주인이 되어 살아가는 삶의 7가지 특징인 교만, 질투, 분노, 나태, 탐욕, 탐식, 색욕의 삶을 버리기로 결단하고, 몸에 동작을 익히는 것처럼 연단의 시간을 거치면 하나님 나라가 우리에게 주어진다. 그러므로 신앙은 빨리 갖는 것이 좋고, 제대로 훈련하는 것이 좋다. 7가지 죄가 사라지면 우리는 건강한 인격으로 살아갈 수 있고, 우리가 속한 가정과 공동체는 회복될 것이며, 우리는 이 세상을 좀 더 밝게 비추는 '세상의 빛'으로 살아가게 될 것이다. 우리 후손과 이웃은 우리의 삶을 보며 주님을 보게 될 것이다.

이 책은 어떻게 회개를 실천하여 결국 하나님 나라를 누릴 수 있는지에 대한 10가지 이야기로 구성되어 있다. 회개는 발걸음을 되돌리는 용기이고, 세상 성공법칙과의 결별이며, 관점의 변화다. 회개는 나의 본성에 역행하는 것이며, 근본적인 문제를 해결하는 업스트림이며, 자기 집착에서 벗어나는 것이다. 회개는 나의 책임을 인정하는 것이며, 하나님의 파도를 타는 것이며, 하나님의 뜻을 구하는 기도밖에 없음을 인정하는 것이다. 결국 회개는 인생의 코페르니쿠스적 전환이다. 그저 세례 받고 교회를 다니게 되는 것이 아니다. 주일 성수를 하며 신앙이 같은 사람들과 교제하는 삶도 아니다. 좀 더 나아가야 한다. 회개는 코페르니쿠스적 전환이다. 완전히 새로운 관점으로 사는 것이다. 이 책을 읽는 모두에게 하나님 나라가 임하길 간절히 기도하는 마음으로 원고를 마무리한다.

2025년 10월

이종필 목사

차례

01 Courage — 회개는 발걸음을 되돌리는 용기다

우리 모두는 '탕자'입니다. · 017
밑바닥에서 발견한 인생 역전의 비밀 · 021
잃어버린 것이 되찾아지는 시간 · 023
당신을 파멸로 이끄는 숨겨진 욕망 · 025
회개는 믿음에 근거한 용기 · 029

02 Farewell — 회개는 세상 성공법칙과 결별하는 것이다

내 인생의 '헛수고', 혹시 여러분도 하고 있나요? · 035
은 천 달란트를 바친 왕의 최후 · 036
자기 아들까지 제물로 바친 왕 · 038
10년 후 사라지는 성공의 법칙 · 042
근본적 해결책은 세상 성공법칙과의 결별 · 044

03 Perspective — 회개는 관점의 변화다

교회는 다니는데 왜 하나님 나라를 누리지 못할까? · 051
태풍이 농사를 망쳤는데도 오히려 대박이 난 비결 · 053
"우리는 메뚜기 같아요" vs "그들은 우리의 먹이예요" · 055
관점이 감정을 지배하고, 인생을 결정한다 · 058
매일매일 '관점'을 훈련해야 하는 이유가 뭘까요? · 062
뱀과 전갈을 밟는 담대함을 향하여 · 065

04	**회개는 나의 본성에 역행하는 것이다**
Counterflow	우리는 왜 변화를 싫어할까요? • 069 알고도 못하는 이유 : 몸에 새겨진 DNA • 071 '나 정도면 괜찮지' – 가장 위험한 착각 • 075 진짜 변화는 자의식을 깨뜨리는 것에서 시작된다 • 078 내 안의 죄성을 먼저 발견하라 • 080

05	**회개는 업스트림이다**
Upstream	맨날 똑같은 문제에 부딪히는 당신, 혹시 '다운스트림' 방식으로 살고 있나요? • 085 이스라엘 백성은 왜 멸망했을까요? 생수의 근원을 버린 우리의 모습은 아닐까요? • 087 이제는 '문제 해결'이 아닌 '원인 해결'에 집중할 때! • 089 문제에 쫓길 것인가? 문제를 뿌리 뽑을 것인가? • 093

06 회개는 자기 집착에서 벗어나는 것이다

Self-Obsession

"왜 하나님은 나만 차별하실까?" · 099
물에 비친 자신과 사랑에 빠진 나르키소스 · 101
"왜 나만 이런 일이?" 평균의 법칙을 아시나요? · 103
다윗이 들은 절망의 소리들,
그러나 '구원은 여호와께 있사오니' · 105
모비딕을 향한 광기와 성경의 아합왕 · 109
자기 집착에서 벗어나 천국을 경험하세요 · 112

07 회개는 나의 책임을 인정하는 것이다

Taking Responsibility

사랑하는 사람을 잃지 않으려면 어떻게 해야 할까요? · 117
천국은 죽어서 가는 곳이 아니라 지금 여기에서 누리는 것 · 119
진짜 지혜로운 삶은 무엇일까요?
(구약 시가서에서 배우는 다섯 가지 지혜) · 121
인생의 오케스트라: 사랑이 만드는 기적 · 127
불협화음으로 가득한 우리의 현실 · 129
공감장애의 해법은 책임을 인정하는 것부터! · 132
모이기를 힘쓰는 사랑의 실천 · 134

08 회개는 하나님의 파도를 타는 것이다

Surfing the Waves

내 뜻대로 안되는 삶, 왜 이렇게 화가 날까요? · 139
짜증의 진짜 원인은 무엇일까요? · 141
내 뜻이 아닌, 하나님의 뜻을 구하고 있나요? · 143
경찰에 붙잡힌 나, 오히려 은혜였습니다. · 145
하나님이 파도를 보내시는 진짜 이유 · 147
나에게 주어진 파도를 점검하고, 감사함으로 나아가요! · 149

09 회개는 기도 밖에 없음을 아는 것이다

Prayer

절망 속에서 만난 기도의 기적 · 155
한나가 발견한 기도의 비밀 · 157
왜 우리는 기도해도 응답받지 못할까요? · 164
절망적인 상황이 오히려 기회가 될 수 있다고요? · 166

10 회개는 인생의 코페르니쿠스적 전환이다

Copernican Shift

천 년의 상식을 뒤엎은 한 과학자의 발견 · 171
역사를 둘로 나눈 한 사람의 등장 · 173
함께 죽어야만 함께 살 수 있는 역설 · 177
완벽한 조건을 가진 사람이 모든 것을 버린 이유 · 179
진정한 행복의 비밀: 주인을 바꾸는 것 · 182

COURAGE FAREWELL PERSPECTIVE COUNTERFLOW **UPSTREAM**
SELF-OBSESSION **TAKING RESPONSIBILITY** PRAYER COPERNICAN SHIFT
PRAYER SURFING THE WAVES COURAGE PERSPECTIVE **FAREWELL**
PRAYER COURAGE **COPERNICAN SHIFT** SELF-OBSESSION FAREWELL
TAKING RESPONSIBILITY FAREWELL **PERSPECTIVE** SELF-OBSESSION
TAKING RESPONSIBILITY **COUNTERFLOW** COPERNICAN SHIFT PRAYER
UPSTREAM COURAGE FAREWELL PERSPECTIVE **SELF-OBSESSION**
SURFING THE WAVES PRAYER COURAGE FAREWELL COUNTERFLOW
TAKING RESPONSIBILITY **COPERNICAN SHIFT** COURAGE **FAREWELL**

01

C O U R A G E

회개는 발걸음을
되돌리는 용기다

회개는 믿음에 근거한 용기입니다.
자기 생각과 욕심을 내려놓고
하나님 아버지께로 발걸음을 되돌릴 때
진정한 회복과 하나님 나라의 축복을 경험하게 됩니다.

열가지
회　개
이야기

우리 모두는 '탕자' 입니다.

✦ ✦ ✦

성경에 나오는 '탕자의 비유'를 다들 한 번쯤 들어봤을 거예요. 누가복음 15장은 '탕자의 비유'로 잘 알려져 있어요. 이야기에 등장하는 탕자는 원래 유복한 집안의 둘째 아들이었어요. 부족함 없이, 남 부러울 것 하나 없이 지내던 이 둘째 아들이 어느 날 아버지에게 자기 몫의 유산을 달라고 요청해요. 아버지의 집을 떠나 스스로의 힘으로 더 잘 살아갈 수 있다는 만용이 그의 마음에 깔려 있었어요. 자식 이기는 부모 없다고, 아버지는 막무가내로 떼를 쓰는 둘째 아들을 이기지 못하고 유산을 물려줘요. 비극은 여기서부터 시작되죠.

> "그 후 며칠이 안 되어 둘째 아들이 재물을 다 모아 가지고 먼 나라에 가 거기서 허랑방탕하여 그 재산을 낭비하더니"
>
> (눅 15:13)

단번에 큰 돈을 챙긴 아들은 콧노래를 부르며 아버지 집을 떠나 먼 나라로 가게 되지만, 그곳에서 허랑방탕하게 살다가 이내 모든 유산을 탕진하고 말아요. 유산을 미리 달라고 했던 것도 잘못이고, 많은 유산을 유흥에 탕진해 버린 것도 잘못이에요. 하지만 성경이 주목하는 가장 큰 잘못은 아버지 집을 떠나 먼 나라로 간 그 자체예요. 허랑방탕하게 살다가 유산을 탕진하게 되는 것은 집을 떠난 결과일 뿐입니다.

그렇다면 둘째 아들은 왜 아버지 집을 떠나 먼 나라로 간 걸까요? 아버지의 뜻대로, 아버지의 말씀대로 살기 싫었기 때문이에요. 아들은 아버지의 말씀이 자신의 자유를 저해하는 간섭이라고 생각했기에 아버지의 집을 떠나면 자유를 만끽할 수 있을 줄 알았던 거죠. 더 행복해질 수 있을 것이라고 확신했던 거예요. 이것이 성경에서 말하는 죄의 본질입니다. 부유한 아버지의 둘째 아들이지만, 탕자라 불리는 이 사내는 하나님 아버지를 떠나 죄인 된 모든 인류를 상징하고 창조주 하나님과 그분의 섭리를 떠나 자신의 뜻대로 자기 인생을 살려다가 인생을 망쳐버린 바로 우리들의 이야기이기도 합니다.

아버지의 집을 떠난 둘째 아들이 기대했던 것은 아버지의 간섭 없는 자유, 돈이 가져다 줄 행복이었어요. 그러나 가진 돈을 전부 탕진하고 그에게 찾아온 현실은 그의 기대와 전혀 다른 것이었어요.

> "다 없앤 후 그 나라에 크게 흉년이 들어 그가 비로소 궁핍한지라" (눅 15:14)

자유와 행복을 찾아 아버지의 집을 떠나 먼 나라로 간 그에게 찾아온 것은 궁핍이었어요. 그의 처지는 비참해졌어요. 결국 입에 풀칠이라도 하기 위해 돼지 치는 일을 하게 되죠.

원래 유대인들은 돼지를 부정한 짐승으로 여겨서 먹지도 않을 뿐더러 돼지 치는 일도 이방인에게 맡겼어요. 그런데 둘째 아들이 돼지를 쳤다는 것은 앞뒤 가릴 처지도 되지 못하는 최악의 밑바닥이 되었다는 것을 비유해요. 그는 허기진 배를 채우지 못해 돼지가 먹는 쥐엄나무 열매를 먹었어요. 아버지 집에 있을 때 날마다 아버지와 풍성한 식탁을 공유했는데, 아버지 집을 떠나 먼 나라에 오니 이제는 쥐엄나무 열매를 놓고 돼지와 다퉈야 하는 비참한 신세가 된 거예요.

하나님 아버지를 떠난 인간이 맞이하는 결과도 이와 같아요. 성경은 그가 '비로소' 궁핍하였다고 해요. 그의 궁핍은 우연히 온 것이 아니라는 거예요. 마침내, 결국에, 궁핍해진 거라는 말이에요. 올 것이 온 거라는 의미예요. 이렇듯 하나님을 떠난 인간에게는 결핍과 궁핍이 필연적으로 찾아와요. 그런데 사람들은 '비로소'가 아니라 '우연히' 궁핍해졌다고 생각해요. 자기 인생의 '궁핍'을 사람을 잘못 만나서, 회사를 잘못 선택해서, 운이 따라주지 않아서라고 생각한다는 거예요. 실패와 위기의 원인을 환경에서 찾는 거예요. 궁핍의 이유가 환경 때문이라면 해결 방법은 의외로 간단해 보이죠. 환경을 바꾸면 되니까요. 자리를 옮기거나, 상대를 바꾸는 거예요. 그래서 소위 '이'자로 시작하는 해결법을 취하곤 해요. 이사, 이직, 이민, 이별, 이혼 등… 회사를 바꾸고, 사는 곳을 바꾸고, 심지어 배우자를 바꾸면 인생의 문제를 해결할 수 있을 거라고 생각하는 거죠. 물론 그런 경우도 적지만 있을 거예요. 그러나 대부분의 경우에 이것은 해결책이 되지 못해요. 문제의 원인을 제대로 찾아내지 못하면 문제 해결도 멀어질 수밖에 없어요.

밑바닥에서 발견한 인생 역전의 비밀

✦ ✦ ✦

탕자는 자기 인생 문제의 원인을 외부 환경 탓으로 돌리지 않았어요. 하필 그때 먼 나라에 흉년이 들어서라고, 하필 자신의 돈을 노리던 나쁜 사람을 만나서, 재수가 없어서 망하게 되었다고 핑계하지 않았어요.

탕자는 문제의 원인을 제대로 찾아냈어요. 가진 돈을 전부 탕진하고, 흉년까지 들어 돼지가 먹는 쥐엄나무 열매로도 배를 채우지 못하는 비참한 삶이 자기 스스로 초래한 문제임을 깨달았어요.

> "이에 스스로 돌이켜 이르되 내 아버지에게는 양식이 풍족한 품꾼이 얼마나 많은가 나는 여기서 주려 죽는구나 <u>내가 일어나 아버지께 가서</u> 이르기를 아버지 내가 하늘과 아버지께 죄를 지었사오니" (눅 15:17-18)

'내가 일어나 아버지께 가서'라는 말은 인생이 밑바닥을 치고 있는 상황에서 아버지께 가겠다는 것으로, 자신이 아버지를 떠난 것이 잘못이었음을 시인하는 고백이라고 볼 수 있어요. '아버지를 떠나 먼 나라로 간 것' 거기서부터 문제가 시작되었음을 깨달은 탕자는 아버지의 집으로 돌아가기로 마음을 먹어요.

그러나 마음을 고쳐먹는다고 절로 마음먹은 대로 살아지는 것은 아니죠. 제아무리 목구멍이 포도청이지만, '아버지의 그늘 아래 사는 것이 싫어 먼 나라까지 왔는데, 그 집으로 다시 돌아가야 하나'라는 생각이 들었을 거예요. 한편으로는 아버지께 거지꼴이 되어버린 자신을 다시 거두어 달라고 요청하는 것이 스스로 생각해도 용납되지 않았을 수도 있어요. 아들은 어떤 선택을 할까요?

> "이에 일어나서 아버지께로 돌아가니라 아직도 거리가 먼데 아버지가 그를 보고 측은히 여겨 달려가 목을 안고 입을 맞추니" (눅 15:20)

'이에 일어나서 아버지께로 돌아가니라' 둘째 아들은 일어나 아버지께로 돌아갑니다. 탕자가 많은 잘못을 저질렀지만, 잘한 것 하나가 있어요. 그 많은 잘못을 상쇄할 만큼 잘한 것 하나는 바로 '아버지께로 돌아간 것'이에요.

아버지께로 돌아갔다는 것, 이것이 회개입니다. 그가 아버지의 말씀대로, 아버지의 뜻대로 살기를 거부한 것이 문제였다는 것을 인정하고, 아버지의 말씀대로, 그의 뜻대로 살기로 결단하며 아버지의 집으로 발걸음을 되돌린 용기, 그것이 바로 회개예요.

잃어버린 것이 되찾아지는 시간

✦ ✦ ✦

탕자는 용기를 내어 아버지께로 돌아갔어요. 먼 나라, 즉 아버지의 영향력이 미치지 않는 곳에서 자기 마음대로 살던 삶을 청산하고 아버지 집으로 돌아가 아버지의 뜻대로 살기로 한 거죠. 그 선택의 결과가 어떠했을까요?

> "아버지는 종들에게 이르되 제일 좋은 옷을 내어다가 입히고 손에 가락지를 끼우고 발에 신을 신기라 그리고 살진 송아지를 끌어다가 잡으라 우리가 먹고 즐기자" (눅 15:22-23)

돌아온 아들을 반색하며 맞이한 아버지는 좋은 옷을 내어 입히고, 손에 가락지를 끼워주고, 발에 신을 신겨줘요. 그리고 살진 송아지를 잡아 잔치를 열어줘요. 아버지 집으로 돌아간 아들은 비로소 다시 그의 인생에 풍성함을 회복해요.

열심히 일해도 돼지 쥐엄나무 열매조차 양껏 먹지 못하는 비참한 삶에서 살진 송아지로 배를 채우는 풍성한 삶으로 옮겨지게 된 거예요. 어떻게 이런 놀라운 반전이 일어났나요? 자신의 잘못을 인정하고 아버지 집으로 돌아갔기 때문이에요. 아버지 집으로 '발걸음을 되돌릴 수 있는 용기'를 가졌기 때문이에요. 우리도 인생의 변화를 경험하기 위해서는 먼저 스스로 잘못된 인생을 살아온 것을 인정해야 해요. 그런데 많은 사람들이 먼 나라로 간 잘못을 범하고도 돌아가려 하지 않아요. 왜 그렇게 발걸음을 되돌리기가 힘든 걸까요? 자신의 잘못을 인정하는 것이 어렵기 때문이에요. 자신이 옳다고 믿었던 삶의 방식, 스스로에게 유익한 결과를 가져올 거라고 굳게 믿고 살아왔던 삶의 방식을 부정하는 것은 쉬운 일이 아니에요. 경우에 따라서는 자신의 인생을 송두리째 부정해야 하는 경우도 있고요. 잘못을 인정했을 때 감당해야 할 수치에 대한 두려움이 생길 수도 있어요. 제가 『훈련』이라는 책에서 성숙한 신앙인이 되기 위해 훈련해야 하는 것들을 다루었는데요. 그중 하나가 '고백을 훈련하라'였어요. 죄를 고백하는 훈련이 필요하다는 거였어요. 하나님을 떠났던 자신의 죄를 인정하는 거예요. 시편 32편에서 다윗이 고백한 대로 '죄 사함을 얻고, 죄가 가리워지는' 은혜를 경험하기 위해서는 반드시 죄를 고백해야 해요. 그리고 여기에는 용기가 필요해요.

당신을 파멸로 이끄는 숨겨진 욕망

✦ ✦ ✦

해발 8,848미터로 세계에서 가장 높은 산인 에베레스트에는 '데스 존'(death zone)이라는 구간이 있어요. 해발 8,000미터부터 정상까지 이어지는 구간인데, 에베레스트에서 일어나는 사망 사고의 80퍼센트가 여기서 일어난다고 해서 붙여진 이름이에요.

어떻게 해서 수많은 사람들이 이곳에서 목숨을 잃게 되는 걸까요? 이 데스존의 산소 농도는 해수면에 비해 3분의 1밖에 되지 않기 때문에 저산소증이 올 확률이 높다고 해요. 그래서 전문 산악인이라도 20시간 이상 데스존에 머무르면 위험하죠. 마지막 캠프에서 정상까지 왕복하는 시간이 18시간 남짓이니 이 구간에서 조금이라도 정체하면 목숨이 위태로울 수 있는 거예요.

그래서 등반을 지연시키는 요소가 발생하면 아무리 정상을 코앞에 둔 상황이라 할지라도 포기하고 내려와야 해요. 2019년 5월 23일, 이날은 날씨가 좋아 역대로 많은 인파가 한꺼번에 산 정상에 몰렸어요. 정상을 300미터 앞둔 구간부터 정상까지 극심한 병목 현상이 일어났어요.

살기 위해서는 정상에 오르는 것을 포기하고 빨리 하산을 해야 했지만, 많은 사람들이 눈앞에 보이는 정상을 포기하지 못했어요. 이렇게 자기 생명을 거는 한이 있어도 정상에 오르고 말겠다는 의지, 끝장을 보겠다는 의지를 '서밋 피버'(summit fever)라고 해요. 결국 이날 11명의 산악인들이 안타깝게도 데스 존에서 목숨을 잃었어요. 그들에게 필요했던 것은 '서밋 피버'가 아니라, '발걸음을 돌릴 수 있는 용기'였던 거예요.

영적으로 생각해 보면 우리 가운데도 이 '서밋 피버'를 가진 사람들이 많아요. 이대로 참고 조금만 더 가면 정상에 도달하고 원하는 것을 얻을 수 있을 것만 같아서, 지금까지 투자한 시간과 노력이 아까워서 차마 돌아서지 못하고 지체하다가 때를 놓쳐 비극적 결말을 맞이하는 이들이 있어요. 성경에도 끝내 포기하지 못한 욕심, 서밋 피버를 가져 좋지 못한 결과를 마주한 사람들이 있어요.

아나니아와 삽비라는 하나님께 물질로 헌신할 마음이 없었지만, 사람들에게 헌신된 사람으로 보이고 싶은 마음이 있었어요. 명예욕이라는 서밋 피버를 가졌던 거죠. 그 결과 땅을 팔아 소유를 바쳤지만, 땅값 일부를 떼고도 전부를 바쳤다고 거짓말을 하게 되죠. 그들은 비극적인 삶의 결말을 맞이해요.

부자 청년은 물질이라는 서밋 피버를 극복하지 못했어요. 이 청년은 어려서부터 율법을 다 지킬 정도로 모범적인 유대인이었어요. 그러나 재물이 많아 소유를 팔아 가난한 사람들에게 나눠주고 자신을 따르라는 예수님의 말씀에는 순종하지 못하고 근심하며 돌아가고 말아요. 물욕 때문에 예수님의 부름에 제대로 응답하지 못한 거예요.

헤롯왕은 권력에 대한 서밋 피버를 가졌던 인물이에요. 그가 동생의 아내였던 헤로디아와 결혼을 하자 세례 요한이 이를 지적해요. 이 일로 세례 요한은 헤롯왕의 미움을 사서 감옥에 갇히게 되죠. 그러던 어느 날 헤로디아의 딸이 연회에서 춤을 추어 헤롯을 기쁘게 하고, 이에 헤롯은 딸에게 무엇이든 주겠다고, 나라의 절반이라도 구하면 주겠다는 허세를 부려요. 이때를 놓칠세라 세례 요한을 눈엣가시로 여겼던 헤로디아가 딸을 시켜 세례 요한의 목을 요청하죠. 그제서야 헤롯은 약속한 것을 후회했지만, 자신이 말한 것을 지키지 않으면 권위에 손상을 입을 걸 염려해 딸의 요청을 거절하지 못하고 세례 요한을 죽이고 말아요.

쾌락과 욕망이라는 서밋 피버를 제어하지 못한 아합왕도 있어요. 많은 것을 이미 가졌지만, 전부를 갖기를 원했던 그는 나봇의 포도원을 탐해요. 이것을 안 왕비 이세벨이 나봇이 하나님과 왕을 저주했다는 위증을 만들어서 나봇을 죽이고 그 포도원을 빼앗아 왕에게 바쳐요. 욕망에 사로잡힌 아합왕도 결국 하나님의 노여움을 사 전쟁에서 비참한 최후를 맞게 되죠.

우리에게는 어떤 서밋 피버가 있는지 생각해 보세요. 하나님과의 관계를 해치는 것이고, 하나님의 말씀에 위배되는 것이라 할지라도, 끝까지 포기하지 못하고 내려놓지 못하는 욕심이 있다면 그것이 바로 우리의 서밋 피버일 가능성이 높아요. 성경은 우리가 놓지 못하는 이 욕심의 결과에 대해 단호한 어조로 경고해요.

> "욕심이 잉태한즉 죄를 낳고 죄가 장성한즉 사망을 낳느니라"(약 1:15)

하나님 앞에 내려놓지 못하고 끝을 내고자 하는 욕심의 최종 결과는 사망이에요. 육체적 죽음을 이야기하는 것이 아니에요. 하나님과 단절되어서 외로움과 두려움 속에서 참된 의미와 목적 없이 살아가는 삶이 사망이라는 거예요. 둘째 아들이 자기 욕심으로 아버지 집을 떠나 먼 나라에 갔다가 허랑방탕하여 쥐엄나무 열매도 배불리 먹지 못했던 삶이 바로 사망의 상태예요. 이 죽음의 위기를 벗어나기 위해서는 자신의 헛된 목표를 위한 열정, 서밋 피버를 버리고, 하나님께로 발걸음을 돌릴 수 있는 용기를 가져야 해요.

회개는 믿음에 근거한 용기

✦ ✦ ✦

밑바닥에서 발걸음을 되돌리는 용기로 인생 역전을 경험한 50대 형제님의 이야기를 들려드릴게요. 이 분은 네 살 때 어머니를 여의고, 할머니 손에서 깊은 사랑을 받으며 자랐어요. 하지만 초등학교 4학년 때 할아버지를 잃고, 이어서 할머니마저 돌아가시면서 홀로 남겨진 아픔을 겪게 되었어요. 지독히도 가난하고 외로웠던 중학생 시절 이 형제님은 교회에서 하나님 아버지의 사랑을 알게 되었어요. 하지만 고등학교 2학년 때부터 세상적인 욕심과 반항심으로 주님을 떠나게 되었어요. 이후 20년간 정말 열심히 살았지만 군 복무 중에 이단에 속한 여인과 결혼하고, 사업도 실패하며 주님 없이 세상의 쓴맛을 경험하게 됩니다. 사업 실패로 모든 것을 잃고 단칸방에서 밥값조차 없던 절망적인 순간, 형제님은 죽음까지 생각하게 되었어요. 그때 주님은 마치 천국의 사냥개처럼 다시 찾아가 이끌어 주셨고, 교회에 대한 소망을 품게 하셨어요. 그렇게 다시 주님 앞에 나올 수 있었어요. 현실은 여전히 빚에 허덕이고 어려웠어요. 하지만 믿음으로 주님께 순종하며 해마다 기회가 될 때마다 단기 선교를 다니셨고 주님 나라를 위한 삶을 우선순위로 살아가셨어요. 10년이 지난 지금, 현재는 그 많던 채무도 다 갚으셨고 믿음의 가정을 이루고 살아가고 있어요. 재혼으로 얻은 아들은 친

아들은 아니지만 형제님을 아버지라고 부르며 가장 존경한다고 말해요. 죽음을 생각하던 그 때, 밑바닥에서 자신이 하나님 아버지를 떠나 먼 나라로 떠난 삶을 회개하고 발걸음을 되돌리게 했던 용기는 지금의 삶을 살아갈 수 있게 하는 위대한 용기였습니다.

회개는 잘못 살아온 삶을 부정하고 포기해 버리는 것이 아니에요. 하나님 아버지 집으로 돌아가면, 하나님께서 풍성한 삶으로 인도하신다는 믿음을 가지고 아버지 집으로 돌아가는 것입니다. 아버지께로 돌아가면 쥐엄나무 열매 먹는 비참한 삶에서 살진 송아지 잡는 풍성한 삶으로 옮겨진다는 것을 믿고 용기를 내어 지금 머물고 있는 먼 나라에서 일어나길 바랍니다. 삶의 모든 긍정적인 변화에는 용기가 필요합니다. 새로운 인생을 살기 원한다면 '발걸음을 되돌리는 용기'를 가지길 바랍니다.

【내 삶의 변화를 위한 질문과 실천】

믿음에 근거한 용기있는 발걸음은 하나님 나라의 풍성함을 누리는 회복을 경험하게 해요. 진정으로 변화하기 위해서는 먼저 자신을 깊이 돌아보고, 용기 있는 결단을 내리는 것이 중요해요. 아래의 질문과 실천사항들을 통해 하나님 안에서 진정한 자기 성찰의 시간을 가져보세요.

☀ 생각해 봅시다

!) 내 삶에서 내려놓아야 할 '서밋 피버'는 무엇인가요? (명예, 물질, 권력, 쾌락, 자기생각 등)

!) 하나님 뜻대로 살아갈 때, 내가 포기하는 것보다 훨씬 더 좋은 것을 주실 것이라는 믿음이 있나요?

!) 하나님 아버지께로 발걸음을 돌리기 위해 필요한 '믿음에 근거한 용기'는 구체적으로 무엇인가요?

☀ 실천해 봅시다

!) 내 삶에서 하나님 없이 내 마음대로 살아가려는 욕심이나 고집은 무엇인지 솔직하게 인정하기

!) 힘들거나 문제가 생겼을 때 세상적인 방법(술, 쾌락, 회피) 대신, 하나님 앞에서 영적으로 해결하려는 용기 내기

!) 내 생각, 욕심, 쾌락을 내려놓고 하나님의 뜻대로 살아가기로 결단하며, 하나님께로 발걸음을 돌리기

COURAGE FAREWELL PERSPECTIVE COUNTERFLOW **UPSTREAM**
SELF-OBSESSION **TAKING RESPONSIBILITY** PRAYER COPERNICAN SHIFT
PRAYER SURFING THE WAVES COURAGE PERSPECTIVE **FAREWELL**
PRAYER COURAGE **COPERNICAN SHIFT** SELF-OBSESSION FAREWELL
TAKING RESPONSIBILITY FAREWELL **PERSPECTIVE** SELF-OBSESSION
TAKING RESPONSIBILITY **COUNTERFLOW** COPERNICAN SHIFT PRAYER
UPSTREAM COURAGE FAREWELL PERSPECTIVE **SELF-OBSESSION**
SURFING THE WAVES PRAYER COURAGE FAREWELL COUNTERFLOW
TAKING RESPONSIBILITY **COPERNICAN SHIFT** COURAGE **FAREWELL**

02

FAREWELL

회개는 세상 성공법칙과 **결별**하는 것이다

삶에서 헛수고를 반복하지 않기를 원하신다면
우리에게 익숙한 세상 성공법칙과 결별하고
오직 하나님을 경외하는 마음을 갖고
그분의 뜻을 따라야 합니다.

열가지
회　개
이야기

내 인생의 '헛수고', 혹시 여러분도 하고 있나요?

✦ ✦ ✦

성도님들에게 "내 인생에서 헛수고라고 생각되는 게 무엇인가요?"라는 나눔 질문을 드린 적이 있어요. 어떤 대답들이 나왔을까요?

일부 소수의 성도님들은 자기 인생에 헛수고는 없었다고, 설사 있었다 하더라도 인생에 도움이 될 것으로 믿는다고 답했어요. 하지만 대부분의 성도님들은 각자 다양한 답변을 해주셨어요.

한 성도님은 성공을 위해서 낮에 열심히 일하고 밤에는 인간 관계 때문에 술자리 회식에 빠지지 않고 참석했는데, 지나고 나서 보니 헛수고였다고 말씀하셨어요. 영업 실적을 쌓기 위해 각종 모임에 열심히 참석해서 명함을 돌린 것이 헛수고였다고 하신 분도 계셨어요. 어떤 성도님은 바쁜 직장 생활 중에 시간을 쪼개어 각종 자격증을 취득하고, 어학 공부도 열심히 했는데, 그 역시도 헛수고였다고 말씀하셨어요.

왜 이렇게 많은 분들이 인생의 성공을 위해서 나름대로 열심히 살았는데, 그 모든 수고가 헛수고처럼 느껴진다고 말하는 것일까요?

은 천 달란트를 바친 왕의 최후

✦ ✦ ✦

우리는 인생을 살면서 만나는 여러 가지 문제들을 스스로 해결하기 위해서 많은 노력을 해요. 인간관계에 문제가 생겼을 때, 경제적으로 어려울 때, 직장에서 해고되었을 때, 결혼 생활이 순탄치 못할 때, 모든 문제 앞에서 나름의 자구책을 가지고 문제를 해결하려고 애를 쓰죠.

성경에도 인생의 문제를 스스로 해결하려고 노력했던 왕이 등장해요. 앗수르가 한창 세력을 확장해 나가고 있을 때, 북이스라엘에 므나헴이라고 하는 왕이 있었어요. 열왕기하 15장 18절을 보면, 이 왕이 **'여호와 보시기에 악을 행하였다'**고 나와요. 그가 행한 악은 무엇일까요?

우리가 그리스도인이 되어 하나님께서 주신 복과 평안과 기쁨을 누리는 것은 동시에 우리가 감당해야 할 사명이 있다는 것을 의미해요. 그 사명은 바로 천하 만민을 위한 복의 통로가 되는 것이고, 하나님 나라를 확장하는 것이라고 할 수 있어요. 항상 축복과 사명은 같이 주어져요. 하나님께서는 이스라엘을 축복하셨고 동시에 사명도 주셨어요. 이스라엘은 하나님께서 주신 힘, 재능, 땅, 그 모든 것을 가지고 천하 만민을 위한 복의 통로가 되고, 하나님 나라를 확장하는 사명을 부여받았어요.

이런 맥락에서 므나헴 왕이 '**여호와 보시기에 악을 행하였다**'는 것은 그가 감당해야 하는 사명을 의도적으로 외면하고 소홀히 여긴 것이라고 할 수 있어요. 이때 앗수르가 북이스라엘에 쳐들어와요. 므나헴 왕은 어떻게 해야 했을까요? 성경에는 옳은 예가 나와요. 다윗 왕이 밧세바와의 간음 사건 후 아이를 낳았어요. 이 일로 나단 선지자에게 책망을 듣고, 아이가 죽을 것이라는 예언을 듣게 돼요. 다윗 왕은 자신이 하나님 앞에 범죄해서 이런 비극이 일어난 것이라고 해석해요. 그리고 나단 선지자 앞에서 회개하고 하나님께로 돌이켜요.

므나헴 왕은 어떻게 했나요? 그의 해석은 이랬어요. '앗수르가 쳐들어온 것은 우리나라가 힘이 없기 때문이다. 살아남는 방법은 앗수르에게 조공을 바치고 잘 보이는 것밖에는 없다.' 므나헴 왕은 앗수르에게 은 천 달란트를 바쳤어요. 그런데 이것이 또 다른 문제를 낳게 돼요. 므나헴이 앗수르에게 은 천 달란트를 조공으로 바치기 위해 백성들에게 과도한 세금을 징수하게 되자 이로 인해 민심을 잃게 된 거예요. 백성들에게 지지 받지 못한 왕권이 오래 유지될 수가 없죠. 므나헴 왕은 앗수르의 도움으로 나라를 자기 손에 굳게 세우려고 했지만, 자신의 원하는 바를 이루기는커녕 얼마 지나지 않아 죽게 됩니다. 므나헴은 이스라엘을 멸망의 지름길로 인도한 비운의 왕이 되고 말았어요.

자기 아들까지 제물로 바친 왕

✦ ✦ ✦

 이렇게 북이스라엘의 상황이 어수선할 때, 남유다에서는 아하스가 왕위에 오릅니다. 북쪽의 앗수르는 점점 더 크게 세력을 확장해 나가고 있었어요.

 이런 상황에서 아하스가 한 일이 무엇일까요? 열왕기하 16장 3절에 그의 행적이 나와요. '**그가 이스라엘의 여러 왕의 길로 행하며**'. 북이스라엘 므나헴의 실패한 모델을 그대로 따랐다는 거예요. 그뿐 아니라, 이방인들의 가증한 일을 따라서 자기 아들을 불 가운데로 지나가게 해요. 사람을 신에게 제물로 바치는 인신제사, 이것은 최고의 희생 제사예요. 일반적인 종교에는 소중한 것을 신에게 바쳐야 신이 반응한다는 개념을 가지고 있어요. 불교에도 소신공양, 자기 몸을 태워드리는 공양이 있어요. 가나안 땅에도 이와 비슷한 인신 제사 풍습이 있었는데, 이런 가증한 제사 풍습을 아하스가 똑같이 따라 한 거예요. 아하스가 이렇게까지 하게 된 이유는 주변 강대국들 틈바구니에서 두려웠기 때문이에요. 이방인들과 같이 자기 아들을 인신제사로 바쳐도 그 불안감이 해소되지 않았어요.

> "이 때에 아람의 왕 르신과 이스라엘의 왕 르말랴의 아들 베가가 예루살렘에 올라와서 싸우려 하여 아하스를 에워쌌으나 능히 이기지 못하니라" (왕하 16:5)

'이 때에'라는 말에 주목해야 해요. 하필 왜 '이 때에' 아람 이스라엘 연합군이 공격해 온 것일까요?

아하스는 머리가 좋은 왕이었어요. 이 문제를 어떻게 해결할까 고민하다가 아람 이스라엘 연합군보다 더 강한 앗수르와 손을 잡으면 되겠다고 생각했어요. 그래서 앗수르 왕에게 사자를 보내어 앗수르 왕의 신복, 아들임을 자처했어요. 아하스 왕은 누구의 아들인가요? 하나님께 택함받은 이스라엘 민족의 왕이에요. 하나님의 아들이에요. 그런데 앗수르 왕의 아들임을 자처하고 있는 거예요.

지금 아하스 왕은 하나님께서 자기에게 주신 사명을 어떻게 감당해야 하는지, 인생을 어떻게 살아가야 하는지 전혀 염두하고 있지 않아요. 그의 상황 해석은 오로지 힘과 돈이 전부예요. '돈 없으면 불행해진다. 권력이 없으면 비참하게 산다.' 사실 이것이 세상이 우리에게 강요하는 해석이기도 하죠.

하지만 성경은 뭐라고 하나요? 하나님이 없으면 불행하다고 해요. 제아무리 돈이 많고 권세를 부려도 하나님이 없으면 불행하다고 하죠. 아하스는 연합군의 침략이라는 문제 앞에서 어떤 해석을

했어야 했나요? '아, 내가 그동안 이렇게 자식까지도 인신 제물로 바치고 별짓을 다 해봤는데 하나님이 없으니 소용이 없구나' 이런 해석을 해야만 했어요.

하지만 안타깝게도 아하스 왕은 어떻게 했을까요? '앗수르 왕이여, 나는 당신의 종이자 아들입니다.' 문제에 대한 해석이 잘못되니까 잘못된 판단을 내리게 된 거예요. 아하스가 앗수르에게 잘 보이기 위해 여호와의 성전과 왕궁 곳간에 있는 은금을 내어다가 앗수르 왕에게 바쳤어요.(왕하 16:8). 은금을 박박 긁어다가 바쳤어. 요즘 말로 '영끌' 한 것이죠. 그렇게 영혼까지 끌어다가 바친 조공에 마음이 움직인 앗수르 왕이 아하스의 청대로 아람의 수도 다메섹으로 올라가서 르신 왕을 죽였어요.(왕하 16:9). 여기까지만 보면 아하스의 해석이 맞는 것처럼 보이고, 그의 의도대로 일이 술술 잘 풀리는 것처럼 보여요.

앗수르의 도움으로 당장의 위기에서 벗어나게 된 아하스는 자기 해석에 더욱 확신을 가지고 행동했어요. 아람의 수도였던 다메섹으로 가서 그곳을 점령한 앗수르 왕 디글랏 빌레셀을 알현하고 그곳에서 이방인들의 제단을 보고 그 양식을 그려서 제사장 우리야에게 보내요. 그랬더니 이 충성스러운 어용 제사장은 하나님께 제사 지내는 제단을 이방 신전의 제단으로 리모델링까지 해요.

아하스가 왜 그랬을까요? '우리가 얼마나 앗수르 당신들을 좋아하는지, 당신들과 친해지고 싶은지를 보십시오. 자, 우리는 이렇게 당신들의 종교로 개종할 수도 있습니다. 모든 것을 당신들에게 맞출 수 있습니다.' 이런 의미를 담고 있는 계산된 행동이었어요.

이렇게 문제 앞에서 회개하여 하나님께 돌이키지 않고, 앗수르 왕을 의지한 아하스에게 과연 평화가 임했을까요? 아니에요. 아하스의 아들인 히스기야 왕 때 새로 바뀐 앗수르 왕 산헤립이 유다를 공격해서 점령하게 돼요(왕하 18:13). 국제관계에서 영원한 친구도 영원한 적도 없다는 말이 그대로 적용된 것이죠. 아무리 아버지 아하스 때 성전의 은금까지 싹 긁어서 바쳤다고 해도, 앗수르의 제단을 본따 성전 제단을 만드는 충성심을 보여줬어도 앗수르의 왕이 바뀌니까 이제 나라가 멸망할 위기에 처하게 된 거예요.

아하스의 잘못된 해석과 선택은 후대 히스기야를 위기로 몰아넣었어요. 그러나 다행히도 히스기야는 이사야 선지자의 조언을 받고 잘못된 방향을 바로 잡음으로 위기를 모면했지만, 히스기야가 맞이했던 큰 위기는 선왕 아하스가 나라를 구하기 위해 시도했던 그 모든 수고가 전부 헛수고였다는 것을 보여주는 증거였어요.

10년 후 사라지는 성공의 법칙

✦ ✦ ✦

잭디시 세스가 쓴 『배드 해빗』이라는 책이 있어요. '성공한 기업의 7가지 자기 파괴 습관'이라는 부제가 달린 이 책에서 과거에 성공했던 기업이 몰락하는 이유를 다루고 있어요. 그 이유에 대해 저자는 기업들이 시대가 바뀌었음에도 불구하고 과거의 성공 방정식을 고집하기 때문이라고 지적해요.

실제로 10년 주기로 우리나라의 100대 기업을 조사해보면 1990년에 100대 기업이었던 기업 중에 2000년에도 순위 안에 있는 기업은 67개 기업뿐이에요. 나머지 33개는 탈락해요. 또 10년이 지나면 33개의 기업이 빠지게 되고, 산술적인 계산이지만, 30년이 지나면 결국 100대 기업 전부가 새롭게 바뀌게 되는 거예요.

이 통계가 무엇을 말해주나요? 기업에도 변화와 혁신을 거부하는 자기 파괴 습관이 있더라는 거예요.

『배드 해빗』에서 말하는 기업의 자기파괴 습관 첫 번째는 현실 부정이에요. 잘 나가던 과거에 매몰되어 달라진 현실을 보지 못하는 것이에요. 위기 앞에서 '나는 이전에 내가 성공했던 방식으로 계속 성공할 수 있어'하면서 달라진 현실을 부정하는 기업은 반드시 도태돼요.

우리도 과거에 성공했던 경험이 있어요. 그 과거의 성공 기억이 바뀐 현실을 직시하지 못하게 만드는 자기 파괴 습관이 될 수 있다는 사실을 기억해야 해요. 아하스도 앗수르 왕을 의지했을 때 차라리 그 방법이 통하지 않았더라면, 거기에 안주하지 않았을 수도 있어요. 그런데 뇌물이 통했어요. 영혼까지 팔아서 아부하니까 해결되는 것 같았어요. 아하스는 자기 방법이 잘 통해서 성공했다고 생각했을지 모르지만, 그 잘못된 선택으로 인해 아들 히스기야 왕은 큰 위기를 겪게 돼요.

두 번째는 오만이에요. '내가 옛날에 이렇게 잘 나갔어. 우리 기업은 앞으로도 변화하지 않고도 잘 나갈 수 있어' 하다가 몰락하고 만다는 것이에요. 결국 이 책에서 강조하는 것은 변화와 혁신이 없는 기업은 10년 안에 도태된다는 것이에요.

이것은 기업에게만 해당되는 것이 아니에요. 우리 인생에도 그대로 적용돼요. 우리 인생을 10년 주기로 살펴보면, 10대 때 공부 좀 했다고 20대에 성공할 수 있나요? 20대 때 직장 생활 좀 잘하면, 그것이 30, 40대 때 관리자의 자리로 승진하는 것을 보장해 주나요? 50, 60대 때 우리 인생에 진정한 성공을 가져오나요? 그렇지 않죠. 우리 인생과 신앙생활에도 변화를 추구해야 해요.

근본적 해결책은
세상 성공법칙과의 결별

✦ ✦ ✦

우리는 교회를 다니면서도 어떤 문제가 생기면 아하스 왕처럼 세상의 성공법칙을 따라 임시변통하는 데 익숙해 있어요. 문제가 생기면 잠깐 기도하고, 해결되면 다시 내가 하고 싶은대로 하면서 익숙함을 따라 살아갑니다. 임시변통으로 잠깐 성공한 것을 가지고 자기 인생의 문제가 진짜로 해결된 것이라 착각하지 말아야 해요. 우리가 하나님과의 관계에 신실하지 않고, 사명을 감당하지 않고 있는데, 당장은 일이 잘 풀리는 것처럼 보일 수 있어요. 그러나 이것은 일이 잘 풀리지 않는 것보다 훨씬 더 심각한 문제라는 것을 알아야 합니다.

기독교 신앙은 잠깐 잘 되는 것처럼 보이나 결국에는 망하게 되는 임시변통이 아니라, 보다 근본적인 해결책을 제시해요. 하나님은 내 물질과 시간을 대하는 태도를 바꾸고, 내 삶의 방식을 바꾸라고 요청해요. 성경은 그것을 회개라고 해요.

시편 112편 1절은 이렇게 말씀해요.

> "할렐루야 여호와를 경외하며 그의 계명을 크게 즐거워하는 자는 복이 있도다"

하나님은 "나에게로 와라 내가 너희를 축복하는 근원이다"라고 말씀하고 있어요.

잠언 9장 12절은 이렇게 말씀해요.

> "만일 네가 지혜로우면 그 지혜가 너에게 유익할 것이지만, 네가 만일 거만하면 너 홀로 해를 당하리라"

이 거만함은 어깨에 힘주고 고개 치켜드는 게 아니죠. 하나님이 아무리 말씀하셔도 '저는 제 길이 있어요. 죄송하지만, 저는 제 뜻대로 살 거예요' 하는 게 거만인 거예요. 인생이 점점 꼬여가는 성도들의 특징이 있어요. 신앙생활을 오래 해도 믿음이 전혀 변함이 없다는 거예요. 변질되지 않았다는 게 아니라, 그냥 처음 수준 그대로를 유지한다는 말이에요. 현실부정과 오만이라는 자기 파괴 습관을 가지면 신앙도 도태될 수 밖에 없다는 사실을 기억해야 합니다.

인생의 문제 앞에서 세상 성공법칙과 결별하고 하나님을 경외하는 삶으로 변화된 40대 자매님의 이야기를 해볼게요. 자매님은 불신자로 평생을 살다가 결혼하고 임신을 하며 교회를 다니게 되었어요. 예배도 드리고, 봉사도 하고, 말씀을 들으며 잠깐의 감동은 느끼지만 자신의 삶으로 이어지지 않는 형식적인 교회생활을 하고 있었어요.

자매님은 어린 시절 겪은 가정의 불화와 결핍을 자신의 가정에서는 되풀이하고 싶지 않았기에 행복한 가정을 만들어야 한다는 목표가 있었어요. 하지만 자신의 방식과 방법에 협조해 주지 않는 남편과 자주 불화했고 사랑하는 자녀만큼은 잘 키우기 위해 열심히 육아책도 보고 공부도 하며 노력했어요. 그러다 몬테소리 교육에 매료되어 영아시기부터 모든 교구들을 구비해놓고 홈스쿨을 몇 타임씩 시키고, 그것도 부족한 것 같아서 다양한 전집을 들여놓고, 부족한 것이 또 뭐가 있을까 싶어 인터넷을 검색하며 모든 생활을 자녀 중심으로 지내던 중 아들에게 틱 증상이 나타났어요. 자매님에게 아들이 전부였기에, 삶은 아들을 향한 걱정과 불안으로 채워졌죠. 유명한 전문 한의원을 전전하였지만 나아지는가 싶다가도 다시 심해졌어요. 자매님은 자신이 실패자가 된 기분이 들었고, 불면증도 찾아왔어요. 그동안 자신의 방법으로 해결해보려고 했지만 해결되지 않았기에 홀로 새벽에 나가 기도하는데 하나님께서는 자녀의 문제가 아닌, 하나님 없이 스스로 주인 되어 살아온 자매님의 인생을 보게 하시며 그 삶을 회개하게 하셨어요. 하나님의 빛은 하나님 없이 살아온 인생이 얼마나 깊은 어둠이었는지 보게 하셨어요. 평생의 헛수고들의 이유를 알게 하시며 회개하게 하셨고, 주님이 다스리는 인생을 소망하게 되었어요.

인생의 문제 앞에서 주님 앞에 나가 도우심을 구할 때, 하나님께서는 하나님이 주인 되어 주시는 인생으로 이끄시고 삶의 목적과 방향을 하나님나라를 향한 인생으로 변화시켜 주셨죠. 자녀의 문제는 주님께 맡겨드리고 자신의 사명을 발견하고, 그 사명을 따라 살아가는 여정으로 인도하셨어요. 시간, 돈, 달란트의 주권을 주님께 드리며 주님나라를 위해 열심히 사명을 감당하는 가정으로 변화시켜 주셨어요.

여러분의 삶을 바르게 해석할 수 있게 되기를 바랍니다. 우리는 우리의 모든 것이 하나님의 손에 있다는 것을 잊지 말아야 해요. 성경은 우리가 열심히 노력한다고 해서 성공하는 것이 아니고, 우리가 힘센 용사라서 승리하는 것도 아니고, 우리가 먼저 출발했다고 해서 경주에서 이기는 것이 아니라고 해요. 성공과 실패, 승리와 패배 그 모든 것이 하나님의 손에 있다고 우리에게 말씀해요. 모든 것이 하나님의 손에 달려 있음을 인정하고, 그분을 경외하는 마음으로 따라가야 해요.

인생의 문제가 우리를 힘들게 할 때 근본적인 해결을 주지 못하는 임시방편을 붙들 게 아니라 근본적인 해결책을 붙들어야 해요. 그것은 회개예요. 회개 외에는 다른 방법이 없어요. 하나님은 회개하고 주님을 경외하는 삶을 살기를 바라세요. 우리 마음에 하나님이 주시는 진정한 만족과 하나님 나라를 누리게 될 거예요.

【내 삶의 변화를 위한 질문과 실천】

우리는 종종 눈앞의 문제 해결에 급급해 임시변통적인 방법을 찾거나, 과거의 성공에 갇혀 변화를 두려워하곤 합니다. 아래의 질문과 실천 사항들을 통해 하나님안에서 변화를 소망해 보세요.

★ 생각해 봅시다

!) 내 삶에서 내려놓아야 할 '헛수고'나 '나쁜 습관'은 무엇인가요?

!) 하나님을 경외하는 삶을 살기 위해 구체적으로 어떤 변화를 시도할 것인가요?

★ 실천해 봅시다

!) 내 삶의 헛수고 돌아보기: 과거에 성공이라 생각했지만, 결국 헛수고였던 경험들을 솔직하게 인정하고 기록

!) 하나님께 삶의 방향 맞추기: 어떤 문제에 직면했을 때, 세상적인 임시방편이 아닌 하나님의 뜻을 먼저 구하고 회개하는 삶을 선택

03

PERSPECTIVE

회개는
관점의 변화다

관점은 우리의 생각과 감정을 지배하고
인생을 결정합니다.
하나님 나라의 관점으로 세상을 바라보고,
매일 영적으로 관점을 훈련한다면
삶의 모든 영역에서 천국을 누리는 자로
성장할 수 있습니다.

열가지
회　개
이야기

교회는 다니는데
왜 하나님 나라를 누리지 못할까?

✦ ✦ ✦

예수님께서 이 땅에 오신 이유가 무엇일까요? 하나님의 아들이신 예수 그리스도가 하늘 보좌를 버리고 낮고 천한 이 땅에 피조물의 모습으로 '굳이' 오셔야만 했던 이유가 무엇일까요?

예수님은 우리가 잃어버린 하나님 나라를 회복시키시기 위해 이 땅에 오셨어요. 십자가에서 죽으시고 부활하심으로 우리 죄의 문제를 해결하시고, 깨져버린 하나님과의 관계를 회복시키고, 하나님의 통치를 회복시키시기 위해 이 땅에 오셨어요. 예수님이 이 땅에 오심으로 하나님이 다스리시는 하나님 나라가 시작이 된 것이지요.

그런데, 이미 시작된 하나님 나라를 누리지 못한다면 얼마나 안타까울까요?

예수님이 이 땅에 오심으로 하나님 나라가 시작된 것과 그 나라를 누리는 것은 별개예요. 예수를 믿지 않아서 하나님 나라를 누리지 못하는 것도 안타까운 일이지만 더 안타까운 일이 있어요.

매 주일 교회에 나가고 예수를 믿는다고 하면서도 행복하지 않은 신앙생활만 하는 그리스도인들이 너무 많다는 것이에요.

우리가 하나님 나라의 복음을 듣고 예수 그리스도를 영접했다면 이제는 하나님 나라를 누리는 자로 성장해야 해요. 그러면, 어떻게 하나님 나라를 누리는 자로 성장할 수 있을까요?

태풍이 농사를 망쳤는데도
오히려 대박이 난 비결

✦ ✦ ✦

자신을 우리나라 최초의 관점 디자이너라고 하는 이가 있어요. 우리나라 유수의 대기업과 여러 벤처기업에서 마케팅을 맡고 있는 박용후 대표 이야기에요. 이분이 하는 일은 사람들의 생각의 구조나 방향을 바꿔주는 것이에요. 한마디로 말하면, 관점을 바꾸는 거예요.

예를 들어서, '고객의 짜증 섞인 민원'을 '우리가 미처 보지 못한 단점을 지적해주는 고객의 기분'이라고 바꾸는 거예요. 이렇게 관점을 바꾸는 것이 별 것 아닌 것처럼 보이지만, 이런 일을 하는 그를 많은 기업에서 찾는다는 것은 관점 변화로 얻는 유익이 그만큼 크다는 것을 보여주는 증거겠지요.

한 사람이 관점을 바꿔서 마을 전체가 유익을 얻게 된 유명한 일화가 있어요. 1991년 사과가 특산품인 일본의 아오모리현에 강풍을 동반한 큰 태풍이 불어닥쳐 90%의 사과가 떨어지게 되었어요. 한 해 농사를 완전히 망치게 된 것이지요.

마을 주민 모두가 실의에 빠져있을 때, 한 농부가 기발한 아이디어를 내요. 강풍에도 떨어지지 않은 10%의 사과를 행운과 기적의 상징으로 보고 대학입시를 앞둔 수험생에게 좋은 기운을 불어넣

어주는 합격사과라고 홍보하기 시작한 거예요.

일반적인 사과보다 몇 배 비싼 가격을 매겼지만, 찾는 이가 많아 없어서 못 파는 상황이 되었고, 결국 완판 기록을 세웠다고 해요. 마을 대다수의 사람들이 떨어진 90%의 사과를 보았을 때, 떨어지지 않은 10%의 사과에 주목한 한 사람으로 인해 아오모리현은 풍작 때보다 더 큰 수익을 남길 수 있었어요. 이 모든 게 관점을 달리한 결과였어요.

"우리는 메뚜기 같아요" vs "그들은 우리의 먹이예요"

✦ ✦ ✦

성경에도 이렇게 관점을 달리한 사람들의 이야기가 등장해요. 출애굽한 이스라엘 백성들이 광야를 거쳐 드디어 가나안 땅을 눈앞에 둔 상황이었어요. 모세는 열두 지파에서 한 명씩 정탐꾼을 뽑아 잠입을 시켜요. 무사히 돌아오기를 초조한 마음으로 기다렸겠지요.

드디어 열 두명의 정탐꾼이 모두 임무를 마치고 돌아와요. 그런데, 열 명의 정탐꾼이 하는 말은 이스라엘 백성에게 마른하늘에 날벼락과도 같은 소식이었어요.

> "그와 함께 올라갔던 사람들은 이르되 우리는 능히 올라가서 그 백성을 치지 못하리라 그들은 우리보다 강하니라 하고 이스라엘 자손 앞에서 그 정탐한 땅을 악평하여 이르되 우리가 두루 다니며 정탐한 땅은 그 거주민을 삼키는 땅이요 거기서 본 모든 백성은 신장이 장대한 자들이며 거기서 네피림 후손인 아낙 자손의 거인들을 보았나니 우리는 스스로 보기에도 메뚜기 같으니 그들이 보기에도 그와 같았을 것이니라"
>
> (민 13:31-33)

열 명의 정탐꾼은 하나님이 주시겠다고 약속하시고 인도하신 땅을 악평해요. 그리고 거인 같은 그곳 주민들에 비해 자신들은 메뚜기와 같다고 해요. 싸움에서 이길 가능성이 전혀 없다는 말이었어요. 절망을 선포해 버린 것이지요.

그런데, 열 명의 정탐꾼과는 다른 관점을 가진 두 사람이 있었어요. 여호수아와 갈렙이었어요. 그들이 하는 말이에요.

> "이스라엘 자손의 온 회중에게 말하여 이르되 우리가 두루 다니며 정탐한 땅은 심히 아름다운 땅이라 여호와께서 우리를 기뻐하시면 우리를 그 땅으로 인도하여 들이시고 그 땅을 우리에게 주시리라 이는 과연 젖과 꿀이 흐르는 땅이니라"
>
> (민 14:7-8)

같은 땅을 보고 와서 전혀 다른 보고를 해요. 열 명의 정탐꾼은 들어가면 죽는다고 했고, 여호수아와 갈렙은 하나님이 주시리라고 했어요. 싸우기도 전에 한쪽은 두려움에 떨고 있고, 다른 한쪽은 기대감에 들떠있었어요.

가나안땅을 악평한 열 명의 정탐꾼과 거기에 쉽게 동요된 이스라엘 백성들이 신앙이 없는 사람들이 아니었다는 것을 기억해야 해요. 그들은 출애굽할 때 홍해가 갈라지는 것을 경험했고, 광야에서 하나님께서 불기둥과 구름기둥으로 돌보시고, 만나와 메추라

기로 먹이시는 놀라운 기적들을 경험했던 사람들이었어요.

우리로서는 부러워할 수밖에 없는 기도 응답과 특별한 신앙의 체험까지 했던 믿음의 사람들이었던 거예요. 교회 밖의 사람들이 아니었다는 것이에요. 그런데, 그들은 왜 전혀 믿음이 없는 사람들처럼 행동했을까요? 같은 땅을 보고도 전혀 다른 평가를 내리게 된 이유는 무엇일까요? 관점이 달랐기 때문이에요.

관점이 감정을 지배하고, 인생을 결정한다

✦ ✦ ✦

사소해 보이는 관점의 차이가 다른 판단과 행동을 낳는 이유는 관점이 우리의 감정을 지배하기 때문이에요.

똑같이 교회에 나와서 예배 드린다 하더라도 부정적인 관점을 가진 사람은 예배를 통해 은혜를 받을 수가 없어요. 부정적인 감정에 지배당해 굳은 얼굴로 마음의 팔짱을 끼고 앉아 있는 사람은 은혜의 단비가 쏟아지는 자리에 있어도 한 방울의 은혜도 받지 못해요.

부정적인 감정이 마음에 스며들면, 기쁨과 감사, 평안은 전부 남의 이야기가 될 뿐이에요. 교회를 아무리 오래 다녀도 마찬가지예요. 부정적인 관점에 지배당한 사람들은 이제 자신의 부정적인 감정과 생각에 일치하는 것만 보고 받아들이게 되고, 보고 싶은 것만 본다는 확증편향 현상이 나타나게 되죠.

관점의 차이가 감정의 차이를 만들어내고, 그 감정은 모든 것을 해석하는 기준이 되어버려요. 부정적인 관점을 가진 열 명의 정탐꾼들은 두려움이라는 부정적인 감정에 지배당하게 되니까 두려움이라는 해석의 틀로 가나안 땅과 가나안 거민들을 바라보고 자신들을 평가하게 됩니다.

열 명의 정탐꾼이 한 말이에요.

> "거기서 네피림 후손인 아낙 자손의 거인들을 보았나니 우리는 스스로 보기에도 메뚜기 같으니 그들이 보기에도 그와 같았을 것이니라" (민 13:33)

홍해가 갈라지는 것을 경험했고, 불 기둥과 구름 기둥의 인도함을 받았던 그들이 스스로를 메뚜기와 같다고 해요. 자신들을 바라볼 때 하나님의 관점으로 바라보지 않았기 때문이에요. 하나님의 관점이 결여된 사람들은 하나님이 주신 땅을 보고도 악평하고, 그 땅 거민을 보고 두려워하며 자신들은 메뚜기에 불과하다고 결론을 내려요. 잘못된 관점이 가져온 부정적 확증편향이라고 할 수 있어요.

반면에 하나님의 관점을 가졌던 여호수아와 갈렙은 무엇이라 할까요?

> "다만 여호와를 거역하지는 말라 또 그 땅 백성을 두려워하지 말라 그들은 우리의 먹이라 그들의 보호자는 그들에게서 떠났고 여호와는 우리와 함께 하시느니라 그들을 두려워하지 말라 하니" (민 14:9)

자신을 메뚜기라고 과소평가하는 것도 문제지만, 아낙 자손의 거인들을 보고 '우리의 먹이'라고 하는 것도 지나치게 적들을 과소

평가하거나, 자신들을 과대평가하는 것 아닌가요? 라고 질문 하실 수 있어요.

맞아요. 사실 이것도 하나님의 관점을 소유한 사람들이 갖는 또 다른 확증편향이라고 할 수 있어요. 물론, 긍정적인 의미의 확증편향이에요. 거인 같은 블레셋 거민들도 먹이감에 불과한 존재로 보게 되는 담대함, 바로 하나님의 관점을 가진 사람들의 특징이자 특권이라 할 수 있어요.

이렇게 보면 어떤 것에 대한 우리의 평가는 객관적일 수가 없는 것 같아요. 자기가 가진 관점으로 내리는 평가는 자신이 의도하지 않더라도 이미 주관적일 수밖에 없어요. 그렇다면 객관적인 평가보다 더 중요한 것은 더 좋은 관점을 갖는 것이라 할 수 있어요.

그리고 무엇보다 좋은 관점을 갖는 것이 중요한 이유는 어떤 관점을 소유했느냐에 따라 그 사람의 인생의 결과가 달라지기 때문이에요.

각기 다른 관점을 가진 열 명의 정탐꾼과 두 명의 정탐꾼은 어떤 결과를 맞게 되었나요?

> "곧 그 땅에 대하여 악평한 자들은 여호와 앞에서 재앙으로 죽었고 그 땅을 정탐하러 갔던 사람들 중에서 오직 눈의 아들 여호수아와 여분네의 아들 갈렙은 생존하니라" (민 14:37-38)

하나님이 주시겠다 한 땅을 악평한 열 명의 정탐꾼들은 죽고, 여호수아와 갈렙은 생존했어요. 단순히 목숨을 건졌다는 의미가 아니겠지요? 하나님이 예비하신 젖과 꿀이 흐르는 땅의 풍요로움을 누리게 되었다는 뜻이에요.

어떤 관점을 갖느냐가 이렇게 큰 차이를 만들어 낸 거에요. 어떤 관점을 갖고 사느냐가 중요한 이유예요.

매일매일 '관점'을
훈련해야 하는 이유가 뭘까요?

✦ ✦ ✦

많은 그리스도인들이 교회를 다니면서도 여전히 나의 관점을 가지고 인생을 살아가고 있다면 하나님 나라를 누릴 수 없어요. 하나님 나라를 누리는 성장의 비결은 관점을 바꾸는 것밖에는 없어요. 내 관점을 내려놓고 하나님의 관점을 붙들어야 해요.

그런데, 여기에 문제가 하나 남아요. 관점을 바꾸는 것은 일순간의 결심으로 이루어지지 않는다는 것이에요. 우리가 오늘 관점을 바꾼다 하더라도, 내일이면 다시 원래의 관점으로 돌아가는 게 다반사예요.

뉴튼의 관성의 법칙은 본래의 상태를 그대로 유지하려고 하는 것을 말해요. 이 법칙은 물체에만 해당되는 것이 아니라, 우리의 마음이나 행동에도 그대로 적용이 되어요. 매일매일 관점을 바꾸려는 노력과 훈련이 우리 마음에 가해지지 않으면 우리는 관성의 법칙에 의해 나의 관점으로 회귀하게 됩니다.

엘런 랭어라는 심리학자는 '사람들은 자신의 의식이 형성해 놓은 범주에서 무의식적으로 살아간다'고 했어요. 우리가 의도적으로 우리 의식의 범주를 바꾸는 노력을 하지 않으면, 우리는 자연적으로 우리 스스로 정해놓은 의식의 범주 안에 갇혀 살아간다는 말이에요. 실로 그렇지요.

우리가 오늘 관점을 바꿔서 여호수아와 갈렙과 같은 담대한 고백을 한다 할지라도 하룻밤 자고 일어나면 또 다시 열 명의 정탐꾼으로 회귀되어 불평과 두려움을 쏟아낼 수 있어요.

그렇게 옛 관점으로 돌아가려는 관성의 힘을 거슬러서 날마다 새로운 관점으로 살아가기를 원한다면, 매일 아침 눈을 뜰 때마다 오늘 하루도 하나님의 관점으로 살아가겠다는 신앙의 결단을 내려야 해요. 매일의 갱신이 필요한 거예요. 우리가 성장하기 위해서는 하나님 앞에서 날마다 내 인생을 조율하는 수고로움을 감당해야 하는 것이에요.

관점의 변화를 경험하고, 매일 말씀을 듣고 정리하며 관점을 훈련하는 40대 자매님의 이야기예요.

이 자매님은 모태신앙인으로 늘 성실하고 열정적인 태도로 많은 성취를 이루며 살아온 분이에요. 하지만 자매님의 인생에서 두 번의 위기를 겪게 됩니다. 첫 번째는 결혼 후 유산을 겪으면서, 스스로 할 수 없는 영역이 있다는 것을 처음으로 깨달았어요. 마치 인생의 운전대를 꽉 잡고 있었는데, 갑자기 브레이크가 고장 난 느낌이었다고 해요. 두 번째는 남편과 함께 중국으로 가게 되면서 깊은 고립감을 느끼게 돼요. 몸은 아프고, 친구도 없고, 남편마저 바빠서 기댈 곳이 없던 자매님은 사막 한가운데 홀로 남겨진 듯한 외로움 속에서 숨쉬기조차 힘든 공황 증상까지 겪게 되었어요. 어느 날 중국에서 기도회에 참석했는데 기도 중 하나님께서 모든 재산의 소유권을 물으셨어요. 처음에는 망설였지만, "다 주님 겁니다"라고 고백하는 순간, 하나님이 다시 자매님에게 말씀하기 시작했고. 하나님과의 관계가 회복이 되었어요. 이렇게 두 번의 큰 위기를 통해 자매님은 신앙이 무너지는 전조 증상이 '교만'임을 알게 되었어요. 마치 맑은 날씨 뒤에 폭풍이 오듯이, 은혜가 넘칠 때 교만이 찾아온다는 것을 깨달은 거죠. 그래서 매일 말씀을 묵상하고 기도회를 놓지 않으며 스스로를 무장하는 시간을 구별하고 있어요. 육아와 가사와 직장일에 힘들고 피곤해도 말씀을 듣는 것은 스스로 교만하지 않고 하나님의 가치관으로 살기 위한 노력이라고 고백해요. 겸손하게 하나님과 동행하는 삶을 날마다 기쁨으로 살아가기 위해, 하나님나라 관점을 훈련하기 위해 매일 말씀을 요약하며 말씀의 힘을 경험하며 살아가고 있어요. 관점이 바뀌며 위기였던 부부관계도 놀랍게 회복이 되었고 그 열매로 귀한 자녀도 주셨어요. 공동체에서도 날마다 말씀을 정리하고 공유하는 자매님의 성실함이 많은 성도들에게 도전이 되고, 직장에서도 성실하게 일하며 복음을 전하는 사명을 감당하고 있어요.

뱀과 전갈을 밟는 담대함을 향하여

✦ ✦ ✦

이 땅에서 하나님 나라를 누리는 비결은 관점을 바꾸는 것이에요. 관점을 바꾸면 인생이 바뀝니다. 예수님께서 제자들의 믿음의 성장을 바라시면서 하신 말씀이에요.

> "내가 너희에게 뱀과 전갈을 밟으며 원수의 모든 능력을 제어할 권능을 주었으니 너희를 해칠 자가 결코 없으리라"
>
> (눅 10:19)

원래 뱀과 전갈을 밟으면 물려서 죽게 되죠. 그런데, 예수님은 뱀과 전갈과 같은 사단의 공격이 와도 너끈히 이길 수 있는 그런 수준까지 성장하기를 바라셨어요.

날마다 우리의 옛 관점을 내려놓고 하나님의 새로운 관점을 붙드는 영적 루틴을 반복하는 훈련을 하길 바랍니다. 이를 통해 우리 인생을 둘러싼 어떤 문제들에도 굴하지 않고, 해를 당하지 않는 그런 인생들이 되길 축복합니다.

【내 삶의 변화를 위한 질문과 실천】

'관점'이 우리의 삶과 성장에 얼마나 중요한 영향을 미치는지 강조하고 있어요. 단순히 지식을 아는 것을 넘어, 그 지식을 삶에 적용하고 변화를 만들어내는 것이 핵심이죠. 아래의 질문과 실천 사항들을 통해 하나님안에서 새로운 관점을 형성해 보세요.

★ 생각해 봅시다

!) 관점을 바꾸어서 변화를 경험해 본 적이 있나요?

!) 하나님의 관점으로 바꾸어 바라보아야 할 필요성이 더 요구되는 삶의 영역은 무엇인가요?

★ 실천해 봅시다

!) 매일 영적 루틴 만들기 (하나님과의 관계를 굳건히 하는 습관)

!) 부정적인 관점 바꾸기 (배우자, 교회, 직장 등 삶의 모든 영역)

!) 감정 조절 훈련 (감정에 지배당하지 않도록, 의식적으로 하나님께 나아가기)

04

COUNTERFLOW

회개는 나의 본성에
역행하는 것이다

나의 본성에 역행하여
자신을 부인하고 섬기는 삶을 살 때,
비로소 진정한 복과
하나님의 나라를 경험할 수 있습니다.

열가지
회 개
이야기

우리는 왜 변화를 싫어할까요?

✦ ✦ ✦

『역행자』라는 자기계발서의 저자 자청은 자신의 책에서 성공하기 위해서는 세상의 질서에 순응하는 게 아니라 역행을 해야 한다고 주장합니다. 자청은 우리가 세상의 질서에 역행해야 하는 이유를 인류의 진화 과정에서 찾았어요. 원시시대에 새로운 도전과 모험을 겁내지 않았던 사람들, 맹수를 사냥한답시고 함부로 덤볐던 사람들은 아무래도 생존 가능성이 떨어졌겠죠. 살아남은 사람들은 조심성이 강한 사람들이었을 거예요. 그렇게 새로운 도전과 변화를 두려워하는 사람들이 끝까지 오래 생존했고, 그들의 후손인 우리 안에는 그 겁쟁이 DNA가 흐르고 있다는 거예요. 그래서 우리도 모르는 사이에 '나는 이대로 살면 안 되는데'라고 생각하면서도 변화를 거부하고 현재를 유지하려는 본능을 가지게 되었다고 해요. 우리 안에 흐르고 있는 그 겁쟁이 DNA를 제거해야 세상의 질서에 역행할 수 있는 힘을 얻게 된다고 합니다.

상당히 일리가 있는 말이에요. 변화를 경험하기 원하면 변화하기를 싫어하는 DNA를 거부해야 합니다. 반대로 우리 자신이 변화하기를 원하지 않으면 우리 주위를 변화시키려 하면 됩니다. 바뀌어야 하는 건 내가 아니라 우리 남편이고, 아내라고, 나는 아무런 잘못이 없다고 하면 되는 거예요. 예를 들어, 남편에게 불평만 하는 아내들은 나는 문제가 없는데 남편이 문제라고 생각하고, 회사에서 변화를 싫어하는 사람들은 회사가 나쁜 회사라고 말하죠. 심지어 신앙생활을 제대로 하지 않는 사람들도 항상 교회를 탓하곤 합니다. 이런 심리는 자청 본인도 악플러였을 때 느꼈던 감정이라고 해요. 여러분들은 변화하기를 원하는 쪽인가요? 아니면 다른 사람이 변화되길 바라는 쪽인가요?

알고도 못하는 이유:
몸에 새겨진 DNA

✦ ✦ ✦

놀랍게도 예수님의 제자들도 우리와 다르지 않았어요. 3년 동안 예수님과 먹고 자며 훈련을 받았던 그들도 우리와 똑같은 모습을 보였답니다. 마가복음 9장은 변화되지 못한 예수님의 제자들의 모습을 보여주고 있어요.

> "가버나움에 이르러 집에 계실새 제자들에게 물으시되 너희가 길에서 서로 토론한 것이 무엇이냐 하시되 그들이 잠잠하니 이는 길에서 서로 누가 크냐 하고 쟁론하였음이라" (막 9:33-34)

예수님께서 가버나움의 한 집에 이르셨을 때 제자들이 길 위에서 나눈 이야기가 무엇이었는지 제자들에게 물으셨어요. 그런데 제자들이 아무런 대답을 하지 못하죠. 왜 그랬을까요?

사실 제자들은 길을 가면서 '누가 더 높은가'를 두고 다투고 있었기 때문이에요. 예수님은 십자가에 죽으러 가고 계셨는데, 제자들은 자기들끼리 누가 더 예수님과 핵심 관계자인지를 따지고 있었던 거죠. 마치 아이들이 잘못을 저지르고 엄마 아빠에게 혼날까 봐 조용히 있는 것과 같았어요. 제자들도 자신들이 이러면 안 된다는 것을 알고 있었던 겁니다.

우리는 초등학교 수준의 영적 지식만 있어도 지금처럼 살면 안 된다는 걸 알아요. 하지만 우리도 모르는 사이에 제자들처럼 행동하곤 하죠. 일주일에 한번 주일 성수라도 해야지 하는 마음으로 예배를 드리면 안 된다는 것을 알고, 하는 둥 마는 둥 설렁설렁 신앙생활해서는 안 된다는 것도 알아요. 그런데 마음처럼 안 고쳐져요. 왜냐하면 머리로는 안 되는 줄 알지만 몸이 먼저 반응하기 때문이에요.

하나님의 말씀이 우리를 행복하게 한다는 것을 우리는 알아요. 그렇게 믿고 매 주일 하나님 앞에 나와서 예배를 드리고 결단도 해요. 하지만 월요일 아침 직장에 가면 하나님의 말씀이 아닌 세상의 지혜로, 우리의 본성대로 살아가려고 합니다. 머리로는 하나님이 기뻐하시는 것을 생각하는데, 몸이 따라주지 않죠. 몸은 내가 도움을 얻을 수 있는 사람, 내가 원하는 것을 얻어낼 수 있는 사람, 내게 쾌락을 주는 사람에게 자동적으로 끌리고 반응합니다.

우리 몸에 새겨진 DNA, 죄의 본성을 거스르는 것은 이렇게 어렵습니다. 그렇다면 우리는 어떻게 해야 진짜 행복해질 수 있을까요? 예수님은 인내심을 가지고 다시 제자들을 가르치세요.

> "예수께서 앉으사 열두 제자를 불러서 이르시되 누구든지 첫째가 되고자 하면 뭇 사람의 끝이 되며 뭇 사람을 섬기는 자가 되어야 하리라 하시고" (막 9:35)

이 말씀은 초등학생도 다 아는 진리이지만, 우리는 여전히 비교하고 높아지려 합니다. 우리는 40평짜리 집을 부러워하고, 승진하고 싶어 하며, 물질적인 성공을 좇는 삶을 살아가요. 우리의 몸은 끊임없이 비교하고 욕심을 따라 반응하죠.

예수님은 역설적인 진리를 설명하기 위해서 아이 하나를 안으시고 이렇게 말씀하세요.

> "누구든지 내 이름으로 이런 어린 아이 하나를 영접하면 곧 나를 영접함이요 누구든지 나를 영접하면 나를 영접함이 아니요 나를 보내신 이를 영접함이니라" (막 9:37)

오늘날 어린 아이들은 그렇지 않지만, 예수님 시대는 어린 아이들이 한 사람으로 인격적 대우를 받지 못했던 시대였어요. 그런 어린 아이를 영접하라고 하세요. 영접한다는 말은, 자신의 신분을 높이고자 하는 목적으로 귀한 사람을 모시는 것을 뜻해요. 우리가 어린 아이들을 그렇게 영접하지는 않잖아요? 어린 아이를 영접해서 내 신분이 높아진다든지 하는 내가 얻을 유익이 하나도 없기 때문이에요. 오늘날의 기준으로 봐도 그러한데, 예수님 당시에 '어린 아이를 영접하라'는 말은 정말 충격적인 말이었을 거예요. 예수님은 서로 높아지려고 하는 제자들에게 누구든지 첫째가 되려면 모든 사람 중 끝이 되어야 하고, 모든 사람을 섬기는 이가 되어야 한다고 도전하고 계십니다.

  우리는 본능적으로 아무런 유익이 없는 일에는 가려고 하지 않아요. 하지만 예수님은 우리가 그런 사람들을 돌보고 섬기는 삶을 살아야 한다고 말씀하고 있어요. 이것은 우리 안에 내재된, 망할 수밖에 없고 불행하게 죽을 수밖에 없는, 죄의 본성을 거스르는 일이에요. 훈련 없이는 알면서도 몸이 움직이지 않는 우리를 변화시킬 수 없습니다. 그래서 삶 가운데 훈련이 필요한 거예요. 제자훈련 과정 이수하고 수료증 받으면 바로 제자가 되는 게 아니에요. 제자란 그렇게 쉽게 만들어지는 것이 아니에요.

'나 정도면 괜찮지' – 가장 위험한 착각

✦ ✦ ✦

3년간 예수님과 동고동락했던, 예수님께 직접 제자훈련을 받았던 제자들마저 예수님의 가르침에 순종하지 못했다면, 우리가 말씀을 알고 배웠다 해도 그대로 실천하기란 더욱 힘들겠죠.

우리 안에 깊이 새겨진 DNA, 죄된 본성이 있다는 것을, 그리고 그 본성을 거스르는 것은 쉽지 않다는 것을 정확히 알아야 해요. 우리 자신의 처참함을 보는 게 불편하더라도 피하지 말고 정확히 보는 것이 필요해요.

우리는 의외로 우리 자신을 잘 몰라요. 우리가 말로 표현하지는 않지만, '나 정도면 그래도 괜찮지'하는 마음이 있어요. 아니라고 할 수 없을 거예요.

그러나 성경은 괜찮은 사람은 없다고 말씀합니다. 심지어 믿음의 조상이라고 하는 아브라함도, 메시아의 모형이 되는 다윗 왕도 주님의 은혜가 없이는 다 죽을 수밖에 없는 죄인이라고 해요.

소탐대실(小貪大失)은 전국시대 진나라와 촉나라 이야기에서 유래되었어요. 진나라 혜왕은 촉나라를 정복하고 싶었지만, 촉나라로 가는 길이 너무 험하고 협소하여 쉽지가 않았어요. 혜왕이 어떻게 하면 촉나라를 손에 넣을 수 있을까 고민하던 중 촉나라 왕이 아주 욕심이 많다는 이야기를 듣게 됩니다.

곧장 혜왕은 신하들을 시켜 커다란 옥으로 황소를 만들게 하고, 황소 뱃속을 각종 금은보석으로 채우도록 하였죠. 그리고 이 황소를 촉나라 왕에게 선물할 것이라는 소문을 냅니다.

이 소문을 들은 촉나라 왕은 조금도 의심하지 않고 이를 기쁘게 여겨요. 신하들은 진나라 왕의 숨은 꿍꿍이가 있을 거라고 했지만, 이미 욕심에 눈이 먼 촉나라 왕의 귀에는 들리지 않았어요.

이때 마침 진나라 사신들이 도착합니다. 그리고는 선물 목록을 보여주면서 덫을 놓습니다. 황소를 바치고 싶은데, 오는 길이 좁고 험한 게 문제라는 것이었죠. 신하들의 만류에도 불구하고 촉나라 왕은 진나라가 황소를 가져올 수 있도록 길을 넓히는 작업을 지시합니다.

넓고 평평한 길이 완성되자 진나라 왕은 황소가 아니라 군사를 보내어 촉나라를 드디어 손에 넣고 맙니다. 촉나라 왕은 보물을 얻으려다가 나라를 잃어버리게 됩니다.

촉나라 왕은 자기 분수를 몰랐던 것이죠. 자신이 그런 보물을 선물받을 만한 사람이 되지 못한다는 사실을 몰랐어요. '나 정도면 괜찮은 왕이지 하는 착각이 나라 전체를 수렁으로 몰아넣게 된 것입니다.

남의 이야기니까 촉나라 왕이 바보처럼 느껴지지만, 사실은 우리 이야기이지 않나요? 우리도 나는 당연히 승진해야 할 사람이고, 더 많은 연봉을 받을 가치가 있는 사람이고, 누구보다 더 성공해야 하는 사람이라고 생각하고 있어요. 그래서 스스로를 대우받아 마땅한 사람이라고 착각했던 촉나라 왕처럼 행동할 때가 있죠. 우리는 그런 존재들이에요.

진짜 변화는 자의식을
깨뜨리는 것에서 시작된다

✦ ✦ ✦

> "누구든지 나를 따라오려거든 자기를 부인하고 자기 십자가를 지고 나를 따를 것이니라" (막 8:34)

자기를 부인하라는 말을 역행하라는 말로 대체해도 될 것 같아요. 자기 중심적인 죄의 본능에 순응하지 말고 역행하는 사람만이 주님의 제자가 될 수 있다는 말이에요.

사람들은 죄의 본능을 가지고 살아가면서도 위로받길 원해요. 자기를 지지해 주고 위로해 주는 말을 듣고 싶어해요. 더 본능에 충실히 살아도 된다는 말을 듣고 싶어하죠.

"너 정도면 괜찮은 사람이야. 네가 맞아. 누가 뭐래도 네가 원하는 대로 살아가." 이런 말을 듣고 싶어해요. 그리고 듣고픈 말을 들었을 때 '힐링' 받았다고 해요.

그러나 그런 방식으로는 하나님 나라를 누릴 수 없습니다. 복음적 삶을 살아갈 수 없어요. 복음은 나를 완전히 바꾸는 거예요. 우리의 본성과 세상의 질서에 순응하는 것이 아니라 역행하는 것입니다.

처음에 『역행자』라는 책 이야기를 했는데요. 조금 더 책을 인용

하면, 저자는 역행자의 7단계를 이야기합니다. 그 중 1단계가 자의식을 해체하라예요. '나는 괜찮아. 나는 문제가 없어'하는 잘못된 자의식을 해체하라는 것이에요.

자청은 전직 악플러였다고 해요. 악플을 다는 사람들의 심리는 무엇일까요? 나는 문제가 없고, 다른 사람이 문제라는 거예요. 나는 변화가 필요 없고 다른 사람이 변해야 한다는 거예요. 그런데 세상이 그렇게 자기 마음처럼 변해주지 않으니까 항상 불만이 있는 것이죠. 그 불만과 불평을 익명의 공간에서 무분별하게 쏟아내는 것이죠.

그러다 저자는 어느 순간에 변해야 할 대상은 다른 사람이 아니라, 자기 자신이라는 사실을 깨달아요. 자신은 틀리지 않았다는 근거 없는 확신에 찬 자의식을 깨뜨려야 순리자에서 역행자가 될 수 있다고 해요. 그리고 역행자가 되어야 성공할 수 있다고 합니다.

예수님이 지금 이 말씀을 하고 계시는 거예요. 자신을 부인하라는 말씀은 자의식을 해체하라는 의미인 거예요. "나는 문제 없어"가 아니라 "나는 문제가 많은 존재야"라는 것이에요. 우리는 우리가 얼마나 죄된 존재인지 알아야 해요.

내 안의 죄성을 먼저 발견하라

◆ ✦ ◆

 부부 간에 행복하고 우리 가정이 천국이 되려면 어떻게 해야 할까요? 자신은 문제없고, 배우자에게 문제가 있다고 생각하는 한 절대로 가정 천국은 임할 수 없어요. 자기 자신이 얼마나 큰 죄인인 줄 깨닫게 될 때 그제야 비로소 가정이 변하기 시작해요.

 교회 공동체가 하나님 나라가 되는 것도 마찬가지예요. 우리가 열심히 교회 다니면서 봉사하고 헌금 내면 되는 게 아니에요. 우리가 열심을 내면 낼수록, 항상 열심히 하지 않는 사람들이 눈에 들어오기 마련이에요. 그럼 열심히 하면서도 마음이 불편하죠.

 왜 그럴까요? 자신은 문제가 없고, 다른 사람에게만 문제가 있다고 생각하기 때문이에요. 자신은 이미 잘하고 있으니까 다른 사람이 잘해야 한다고 생각하기 때문이에요. 이런 마음으로는 절대로 하나님 나라 공동체를 이룰 수 없어요.

 우리는 다른 사람의 죄성이 아니라, 내 안의 죄성을 깨달아야 해요. 우리가 얼마나 자기 중심적이고, 이기적인 존재인지, 사랑이 메마른 자인지 깨달아야 해요. 그 깨달음이 우리를 하나님 나라로 이끌어 가게 됩니다.

 "흠이 많은 누구 때문에, 헌신하지 않고 뒤로 숨는 얌체 같은 누구 때문에, 우리 교회가 이 정도밖에 못 돼"가 아니라, "이렇게 흠

많은 죄인들이 모였는데도 서로 싸우지 않고 돌아간다니 신기하네" 이런 고백이 절로 나오게 되는 것이죠.

우리 스스로의 죄성에 절망하고, 하나님만을 의지할 때 우리가 역행자가 되어 하나님 나라를 누리게 됩니다. 우리 죄의 본성과 세상의 질서를 역행하지 않으면 교회를 오래 다녀도, 교회생활을 열심히 해도 천국을 경험하지 못합니다. 이것이 성경의 법칙입니다.

【내 삶의 변화를 위한 질문과 실천】

우리는 모두 변화를 꿈꾸지만, 막상 변화의 문턱에 서면 주저하게 됩니다. 하지만 진정한 행복과 성장은 우리 안에 깊이 뿌리내린 본능을 거스르고, 세상의 흐름에 역행하는 용기에서 시작됩니다. 아래의 질문과 실천 사항들을 통해 하나님 안에서 새로운 삶을 향한 첫걸음을 내딛어 보세요.

• 생각해 봅시다

!) 내 삶에서 역행해야 할 '세상의 질서에 순응하려는 마음'은 무엇인가요?

!) 내가 '첫째가 되고자 하는' 마음 때문에 섬기지 못하고 있는 사람은 누구이며, 그를 위해 무엇을 실천할 수 있을까요?

• 실천해 봅시다

!) **자신의 죄성 인정하기**: 내가 괜찮은 사람이 아니라, 하나님 없이는 악하고 부족한 존재임을 인정하고 고백하기

!) **세상의 질서에 역행하기**: 나의 이익과 욕심을 따르기보다, 섬기고 낮아지는 삶을 의도적으로 선택하기

!) **배우자와 공동체 섬기기**: 배우자나 교회 공동체안에서 나의 이기심을 발견하고, 그들을 섬김으로써 자아를 해체하는 훈련하기

열 가지 회개 이야기

05

UPSTREAM

회개는
업스트림이다

반복되는 문제의 근본 원인을
하나님과의 관계에서 찾고, 그 관계를 회복하는
'업스트림' 방식으로 해결할 때
진정한 천국을 경험하는 삶을
살아갈 수 있습니다.

열가지
회 개
이야기

맨날 똑같은 문제에 부딪히는 당신, 혹시 '다운스트림' 방식으로 살고 있나요?

✦ ✦ ✦

우리 삶에는 왠지 모르게 계속 반복되는 문제들이 많지 않나요? 늘 똑같은 상황에 부딪히고, 해결하고 해결해도 또 다른 문제가 터져 나오는 경험, 다들 있으실 거예요. 우리는 이런 문제들을 해결하기 위해 엄청난 노력을 하지만, 결국 지치고 좌절하는 경우가 많죠. 혹시 우리가 문제를 바라보고 해결하는 방식 자체가 잘못된 건 아닐까요?

'업스트림(Upstream)'과 '다운스트림(Downstream)'이라는 흥미로운 개념이 있어요. 스트림(Stream)은 '흐르는 물'을 뜻하고, 업스트림은 '상류', 다운스트림은 '하류'를 의미해요. 댄 히스(Dan Heath)라는 미국의 경영학 저자가 쓴 책 『업스트림』에서는 이 개념을 우리가 문제를 해결하는 방식에 비유하는데요. 문제가 발생한 하류에서 허둥지둥 해결하는 것이 '다운스트림' 방식이고, 문제가 발생하기 전에 상류로 올라가 근본 원인을 찾아 해결하는 것이 '업스트림' 방식이라고 해요.

이 개념을 쉽게 이해하기 위한 비유가 있어요. 강 하류에서 두 사람이 수영을 하고 있는데, 갑자기 아이 하나가 떠내려 오는 거예요. 급히 아이를 건져냈더니 또 다른 아이가 떠내려 오고, 그 아이도 겨우 건져내 심폐소생술을 하죠. 이때 한 남자가 "이렇게는 안 되겠구나, 강 상류로 올라가야겠다"하고 외쳐요. 왜냐하면 강 상류에 아이들을 계속 물에 빠뜨리는 사람이 있었기 때문이에요.

떠오르는 문제의 피상을 다룰 것이 아니라 근원을 파고들어 다뤄야 한다는 말이에요. 그래서 이 책의 부제가 '반복되는 문제의 핵심을 꿰뚫는 힘'이에요.

이스라엘 백성은 왜 멸망했을까요?
생수의 근원을 버린 우리의 모습은 아닐까요?

✦ ✦ ✦

성경에도 업스트림을 강조하는 구절이 있다는 것 아시나요?

> "내 백성이 두 가지 악을 행하였나니 곧 그들이 생수의 근원되는 나를 버린 것과 스스로 웅덩이를 판 것인데 그것은 그 물을 가두지 못할 터진 웅덩이들이니라" (렘 2:13)

예레미야서는 예레미야 선지자가 나라가 망하는 것을 지켜보면서 써내려간 성경이에요. 예레미야 2장 13절에서 예레미야 선지자가 왜 이런 말을 했는지 이해하기 위해서는 예레미야서의 마지막 장인 52장을 먼저 봐야 합니다.

시드기야 왕 9년 때에 바벨론의 느부갓네살 왕이 쳐들어와 예루살렘성을 포위하는 사건이 일어나요. 힘이 비슷한 나라들끼리의 싸움이 아니었어요. 바벨론이라는 강대국이 이스라엘이라는 작은 나라를 쳐들어온 싸움, 이스라엘로서는 당할 재간이 없는 싸움이었어요. 조선말기 청나라, 일본 같은 주변 강대국의 영향을 받다가 결국 일본에 나라의 주권을 빼앗겼던 우리의 아픈 역사와 비슷해요.

바벨론의 침공은 참혹한 결과를 가져왔어요. 먼저 적에게 포위된 성 안의 식량이 떨어지게 되요. 결국 성벽이 파괴되어 시드기야 왕이 도주를 하는데, 뒤쫓아온 바벨론 군사들에 의해 잡히게 되죠. 바벨론 왕은 시드기야 왕이 보는 앞에서 왕의 아들들을 죽이고, 그 비참한 광경을 다 보게 한 후 시드기야 왕의 두 눈을 뽑아버려요. 이 과정에서 신하들을 비롯한 무수히 많은 백성들이 죽게 됩니다.

예레미야 선지자는 이런 임박한 멸망 앞에서 경고의 메시지를 한 것이라 할 수 있어요. 문제가 닥치기 전에 문제를 해결할 수 있는 방법을 제시한 것이었어요. 문제의 근원이 무엇인지를 알려주고, 거기서부터 시작하라고 문제 해결 방법을 알려준 것이에요. 업스트림을 이야기한 거에요.

이제는 '문제 해결'이 아닌 '원인 해결'에 집중할 때!

✦ ✦ ✦

그럼 문제를 해결하기 위해서는 어떻게 해야 할까요? 문제 자체가 아니라 표면적으로 드러난 문제를 헤집고 거슬러 올라가 문제의 원인을 다루어야 해요. 문제 자체에 몰두하는 다운스트림 방법은 테트리스 게임과 비슷해요. 개인에 따라 차이가 있겠지만, 결국엔 게임 오버입니다. 성경은 생수의 근원되신 하나님을 버리고서 우리 스스로 그 어떤 노력을 가하더라도 결코 문제를 해결할 수 없다고 가르쳐 줍니다.

많은 사람들이 신앙의 균형을 맞춘다고 하죠. 신앙생활을 자기 삶의 한 영역으로 제한하고 다른 삶의 영역들과 균형을 맞추려고 해요. 그러나, 신앙은 중심이 되어야 해요. 우리 삶의 여러 가지 중 하나가 아니에요. 신앙이 우리 삶의 중심이 되지 않으면 우리 삶은 결국 망가지게 됩니다.

사실 우리가 주일예배 한 번 빠진다고 갑자기 무슨 일이 생기지 않아요. 반면에, 주일에 가게 영업을 하루 하지 않으면 당장 월매출에 영향이 가지요. 오늘 하루 운동하지 않는다고 건강에 큰 문제가 생기지 않아요. 그러나, 회사에 제출해야 하는 기획안을 제 때 맞추지 못하면 당장 상사의 불호령이 떨어지게 되겠죠. 그래서 사람들은 자신도 모르는 사이에 점점 중요한 일들로부터 멀어져요. 중요한 일보다 긴급한 일에 우리의 마음과 에너지를 쏟고 있는 것이지요.

정리의 기본은 버리는 것

공간 크리에이터라고 들어보셨나요? 이름도 생소한 이 직업은 정리 정돈을 통해 공간의 가치를 높여주는 직업이에요. 이 분야의 전문가 이지영 공간 크리에이터는 모든 정리의 기본은 버리는 것이라고 해요. 우리 삶의 중심을 하나님께 두지 못하게 방해하는 것들, 우리 인생에 불필요한 것들, 있어서는 안될 것을 정리해야 해요.

이지영 공간 크리에이터가 일을 하면서 가장 힘들 때는 물건에 대한 집착이 너무 강한 사람을 만날 때라고 합니다. 버려야 한다고 설득하는 게 너무 힘들다고 해요. 그래서 이런 명언을 남겼어요. "가구보다 무거운 건 생각이다"

어떤 생각을 말하는 것일까요? 버리지 않아도 된다는 생각, 더 나아가 이건 절대로 버리면 안된다는 생각을 말하는 것이죠. 그 잘못된 고정관념이 더 좋은 삶을 가로막는 가장 큰 걸림돌이라는 것이에요.

무엇이 정말 중요한가?

우리도 우리를 힘들게 하고 어렵게 만드는 문제를 해결하기 위해서는 '버리지 않아도 된다'는 생각을 먼저 버려야 해요. 그것이 물질일 수도, 시간일수도, 아니면 관계일 수도 있어요. 우리 삶에서 정말 중요한 것이 무엇인지 알려면 버려야 해요. 버리면 정리가 되고, 정리가 되면 정말 중요한 것이 무엇인지 알게 됩니다. 다 버리고 남은 게 가장 중요한 것입니다.

우리가 우리 인생에 꼭 필요한 것들을 붙들지 못하는 이유는 정작 필요하지 않은 것들을 필요한 것이라고 착각하고 있기 때문인지도 몰라요. 많은 사람들이 왜 기도할 시간을 갖지 못하죠? 기도 외에 해야하는 다른 것들이 많기 때문이에요. 다 필요하다고 생각하고 하는 것들이에요.

그러나, 그것들이 왜 필요한지 생각해보면 사실 하나님과의 관계에 이상이 생겼기 때문에 필요해진 것들일 가능성이 높아요. 정말 중요한 하나님과의 관계가 틀어졌기 때문에 중요하지 않고 필요하지도 않은 것들이 필요해지게 된 것이죠. 그리고 불필요한 것을 꼭 필요하다고 여기기 때문에 하나님과의 관계가 우선순위에서 뒤로 밀리게 되는거죠. 결국 악순환의 반복이 일어나는 것이에요.

문제는 잘못된 생각의 결과

예레미야 선지자는 단호하게 말씀합니다.

> "땅이여 들으라 내가 이 백성에게 재앙을 내리리니 이것이 그들의 생각의 결과라 그들이 내 말을 듣지 아니하며 내 율법을 거절하였음이니라" (렘 6:19)

우리에게 일어나는 문제들은 우리의 잘못된 생각의 결과라는 거에요. 하나님과의 관계가 끊어졌거나 견고하지 않기 때문이라는 것이에요. 하나님과 단절된 상태로 열심히 살아가는 것의 결과, 우리의 바램과는 반대로 우리는 여러 가지 인생의 어려운 문제들을 안고 살아가게 된 것이죠.

우리 가정에 어떤 문제가 생겼을 때 우리가 흔하게 사용하는 방법은 기분 전환을 위해 외식하거나, 특별한 이벤트를 하는 것이죠. 남편이나 아내, 자녀들의 기분을 풀어주기 위해 날마다 외식을 해야 할까요? 시간을 허비하고 있을 때 스케줄러로, 프랭클린 다이어리를 잘 사용한다고 해서 문제를 해결할 수 있을까요?

질병에 대한 염려로 많은 건강보조식품을 먹습니다. 그런데, 지나치게 건강보조식품을 의존하는 것이 오히려 신장과 간 기능을 해치는 것을 아시나요? 사람들이 왜 아침마다 한주먹이나 되는 건강보조식품을 입에 한가득 털어 넣을까요? 정말 몸이 좋지 않기 때문이 아니라 혹 건강을 잃을지도 모른다는 염려와 두려움 때문이지는 않나요?

하나님과의 관계가 단절되어서 우리 영혼이 병들어 있으면 주변의 모든 상황이 문제가 되고, 주변 모든 사람에게 상처를 받게 됩니다. 그 문제들을 일일이 붙들고 해결하려고 해봤자 근원을 해결하지 못하면 언발에 오줌누기일 뿐이에요.

문제에 쫓길 것인가?
문제를 뿌리 뽑을 것인가?

✦ ✦ ✦

『업스트림』에서 저자는 이렇게 말합니다. "문제에 쫓길 것인가? 문제를 뿌리 뽑을 것인가?"

어떻게 문제의 근원을 뿌리 뽑을 수 있나요? 문제의 원인을 제거해야 해요. 하나님과 단절된 관계를 회복해야 합니다. 이것이 우리 인생을 힘들게 하고 어렵게 만드는 문제를 해결할 수 있는 업스트림입니다.

음악을 좋아하고 전공한 평범한 30대 아들과 그 어머니의 이야기에요. 이 아들은 어머니에게 다정하고 교회도 다니던 청년이었어요. 집안의 경제도 풍요롭고, 직장도 다니고 있던 아들이기에 겉으로 보기에는 문제가 없어 보이는 가정이었죠. 하지만 아들에게 심각한 중독의 문제가 있었어요. 이 아들은 친구의 권유로 호기심에 인터넷도박에 접속하게 되었고, 도박의 액수가 커지고 감당할 수 없게 되었을 때 부모님께 처음 손을 벌려 도박빚을 갚았어요. 하지만 도박 문제는 반복되었고, 빚은 점점 커져서 급기야는 부모님의 집도 팔아야 할 상황까지 갔어요. 부모님께 면목없는 아들은 죽음을 결심하고 시도하려 했으나 어머니에 손에 이끌려 저희 교회로 오게 된거였어요. 이 가정의 문제 해결 방식을 들여다봤어요. 도박 중독으로 발생한 빚을 부모님이 대신 변제해주고, 또 문제가 터졌을 때도 변제해주고 하는 다운스트림 방식이었죠. 하지만 이런 방법으로는 중독의 문제가 해결될 수 없어요. 먼저 부모님의 신앙도 회복이 되어야 하고, 아들의 신앙도 회복이 되어야 중독의 고리에서 벗어날 수 있기에, 하나님께 집중하도록 했어요. 아들과 어머니가 제자훈련을 함께 수강하고 생각을 나누고 날마다 있는 기도회에 나와 기도하며 부모님은 부모님의 문제를, 아들은 아들의 문제를 하나님께 맡기게 되었어요. 지금은 가정이 자연스럽게 회복되어져 가고 있어요. 아들은 공동체에서 자신의 문제를 고백하며 회개하며 삶으로 달라진 모습을 보여주고 있어요. 중독에서 벗어난 것은 물론 달란트를 살려서 찬양으로 섬기며, 단기선교에도 힘쓰고 있어요. 직장도 성실히 다니며 건강한 삶을 살아가고 있어요.

문제에 쫓길 것인가? 문제를 뿌리 뽑을 것인가? 이처럼 상류로 거슬러 올라가서 하나님과의 단절된 관계를 해결해야 우리 인생의 문제들이 해결되는 것이에요. 여러분은 어떻게 문제를 해결하고 계신가요? 주권자이자 통치자 되시는 하나님과의 관계가 회복되는 이 업스트림으로 다시 천국을 누리게 되길 바랍니다.

【내 삶의 변화를 위한 질문과 실천】

우리는 종종 눈앞의 문제 해결에 급급해하며 '다운스트림' 방식으로 살아가곤 합니다. 하지만 진정한 변화는 문제의 근본 원인을 찾아 해결하는 '업스트림' 사고방식에서 시작돼요. 다음 질문들을 통해 여러분의 삶을 돌아보고, 구체적인 실천 사항들을 고민해 보세요.

★ 생각해 봅시다

!) 내 삶의 '터진 웅덩이'는 무엇인가요?

!) 하나님과의 관계를 회복하기 위해 구체적으로 어떤 '업스트림' 행동을 시작할 수 있을까요?

★ 실천해 봅시다

!) **하나님과의 관계 점검**: 내 삶의 문제들이 혹시 하나님과의 단절에서 시작된 것은 아닌지 진지하게 돌아보기

!) **불필요한 것 버리기**: 하나님과의 교제를 방해하고 삶을 복잡하게 만드는 불필요한 생각, 습관, 관계등을 정리하기

!) **지속 가능한 영적 습관 만들기**: 무리한 계획 대신, 건강한 방식으로 하나님과 교제하는 시간 마련하기

COURAGE FAREWELL PERSPECTIVE COUNTERFLOW **UPSTREAM**
SELF-OBSESSION **TAKING RESPONSIBILITY** PRAYER COPERNICAN SHIFT
PRAYER SURFING THE WAVES COURAGE PERSPECTIVE **FAREWELL**
PRAYER COURAGE **COPERNICAN SHIFT** SELF-OBSESSION FAREWELL
TAKING RESPONSIBILITY FAREWELL **PERSPECTIVE** SELF-OBSESSION
TAKING RESPONSIBILITY **COUNTERFLOW** COPERNICAN SHIFT PRAYER
UPSTREAM COURAGE FAREWELL PERSPECTIVE **SELF-OBSESSION**
SURFING THE WAVES PRAYER COURAGE FAREWELL COUNTERFLOW
TAKING RESPONSIBILITY **COPERNICAN SHIFT** COURAGE **FAREWELL**

06

SELF-OBSESSION

회개는 자기 집착에서 벗어나는 것이다

타락한 인간의 본성인 '자기 집착'에서 벗어나
하나님의 관점으로
자신과 세상을 바라볼 때,
진정한 구원과 복을 경험할 수 있습니다.

열가지
회 개
이야기

"왜 하나님은 나만 차별하실까?"

✦ ✦ ✦

하나님이 만드신 최초의 사람 아담과 하와가 선악과를 따먹고 타락한 이야기는 너무나도 유명해요. 아담과 하와가 에덴동산에서 쫓겨난 이후에 이어지는 이야기도 우리가 잘 아는 이야기죠.

아담과 하와의 두 아들, 가인과 아벨이 하나님께 제사를 드려요. 가인은 곡식으로, 아벨은 짐승으로 드리는데, 하나님께서 가인의 제사는 거절하시고, 아벨의 것만 받으셨어요. 우리로 치면 똑같이 예배를 드렸는데, 누구의 예배는 받으시고, 다른 누구의 예배는 받지 않으신 상황인 거죠.

예배를 받고, 받지 않으셨는가의 이유보다는 그 이후에 일어난 일에 집중해보려 해요. 성경은 그 이후에 '**가인이 몹시 분하여 안색이 변했다**'라고 말씀하고 있어요.

"왜 하나님이 내 제사만 안 받으시지? 왜 나만 차별하시는 거야?" 가인은 이렇게 반응했어요.

가인은 하나님이 자신의 제사만 차별하여 받지 않으신다고 화를 내고 있어요. 이 사건이 아담과 하와의 타락 이후에 일어난 것이라는 점에 주목해야 해요.

지금 가인은 자신만 손해 본다는 생각을 하고 있는데, 이것은 인간이 타락 이후에 어떻게 달라졌는지를 보여주는 것이라 할 수 있어요. 성경은 타락의 본질을 하나님 중심적인 사고에서 자기 중심적인 사고로 변한 것이라고 우리에게 가르쳐 주고 있어요. 그리고 그것이 바로 천국을 막는 자기 집착임을 알려줘요.

사실 그래요. 이 세상을 자기 중심적인 관점으로 보면 억울한 일 투성이에요. 잘 되면 제 탓, 못되면 조상 탓한다고 세상을 자기 중심적으로 보기 시작하면 자기 뜻대로 되지 않는 모든 일들의 책임을 다른 사람에게로 돌리게 돼요.

가인은 타락한 인류의 모습을 보여주는 인물이에요. 그는 자기 중심적인 사람이었어요.

"하나님이 왜 나만 차별하시지?"

"왜 나만 이런 대우를 받아야 하는 거지?"

이런 생각은 스스로도 주체하지 못할 분노를 일으켰고, 동생 아벨을 돌로 쳐죽이고서야 그치게 돼요.

오늘날 대부분의 경우 일반적인 사람들이 화가 난다고 사람을 쳐죽이지는 않아요. 그렇지만 그 화는 다른 사람을 죽이지는 않지만, 자신의 마음과 정신을 병들게 해서 스스로를 죽이게 돼요. 타락한 인간의 자기 중심적 사고가 자기 인생을 망치는 거죠.

물에 비친 자신과 사랑에 빠진 나르키소스

✦ ✦ ✦

우리가 보통 자기애가 강한 사람을 나르시시즘에 빠졌다고 해요. 이 나르시시즘이라는 말은 그리스 로마 신화에 나르키소스라는 인물에서 유래가 된 것인데요.

나르키소스는 강의 신 케피소스와 강의 요정 리리오페 사이에서 태어났어요. 아들의 장래가 궁금했던 어머니 리리오페는 예언자 테이레시아스를 찾아가서 아들이 어떻게 될지 물어요. 그러자 테이레시아스는 나르키소스가 자신을 몰라야 불행이 비껴갈 것이라는 점괘를 내놓아요. 자신의 모습을 보지 않아야 자신의 수명을 다 누릴 것이라는 말이었어요.

이에 리리오페는 아들이 자신의 얼굴을 보지 못하도록 각별한 주의를 기울여요. 그렇게 나르키소스는 자신의 얼굴을 모른 채 살아가다가 물가에 비친 자신의 모습을 보고 물에 비친 자기 자신과 사랑에 빠지게 돼요. 자신의 아름다움에 반해 결국 사랑하는 이가 있는 연못을 향해 뛰어들어 그만 죽고 말죠.

이 이야기에서 나르키소스가 자신을 알지 못하면 오래 살 수 있다고 한 테이레시아스의 예언을 생각해 볼 필요가 있어요. 자신을 안다는 말은 자신에게 집착한다는 거예요. 나르키소스를 죽음으로 이끈 것은 자기 집착이었던 거죠.

자신에게 집착한다는 것은 어떤 상황 속에서 항상 자기 중심적으로 생각하는 것을 의미해요. 예를 들어서, 오랜만에 동창회에 갔는데, 학창시절에 자신보다 공부도 못하고, 인기도 없던 친구가 성공해서 나타났어요. 그런 친구를 보고 "저 친구는 어떻게 해서 저렇게 성공할 수 있었을까? 내가 배울 점이 무엇이 있을까?" 하는 생각을 하는 사람은 언젠가는 성공해요.

반면에, "저 친구보다 내가 훨씬 잘났는데, 왜 저런 친구가 성공을 하고 나는 성공을 못하지? 이 세상은 참 불공평해" 이런 마음을 품는 사람도 있어요. 이런 생각이 든다는 게 우리가 자기 자신에게 집착하고 있다는 증거예요. 이런 사람은 망할 수밖에 없어요.

성경에도 자기 집착 때문에 망하는 사람들이 많이 나와요. 대표적인 인물이 사울 왕이에요. 사울은 자기 왕권을 지키는 데 집착했고, 왕좌를 자기 아들에게 물려주는 데 집착했던 사람이에요. 심지어 아들 요나단도 아버지의 집착을 거부해요. 그럼에도 사울 왕의 집착은 그치지 않아요.

자기 집착에 빠진 사람을 만나면 참 힘이 들어요. 모든 것을 그 사람 중심으로 맞춰주지 않는 한 좋은 관계를 맺거나 유지할 수 없거든요. 주변 사람들을 너무 힘들게 해요. 사울 왕이 그랬어요. 자기 아들도 힘들게 하고, 충성스러운 군대 장관 다윗도 힘들게 하고, 주변 모든 사람들을 힘들게 해요.

"왜 나만 이런 일이?"
평균의 법칙을 아시나요?

✦ ✦ ✦

자기 집착에 빠진 사람들은 '왜 나에게만'이란 말을 자주 사용해요.

"왜 나에게만 불행한 일이 생기는 거지?"

"왜 내 주변에만 좋지 않은 사람들이 많은 거지?"

과연 그럴까요? 정말 내 주변에만 나쁜 일들과 나쁜 사람들이 유독 몰려있는 것일까요? 물론 그렇지 않겠죠.

프로야구 선수가 평균 타율 3할을 유지하기는 쉽지 않아요. 예외적인 몇몇 선수만이 달성하는 기록이에요. 시즌 초에는 많은 선수들이 3할 타율을 넘지만 시즌이 끝날 때까지 3할을 유지하지는 못해요.

시즌 초에 타율이 높았다가도 대부분 다시 떨어지는 이유는 그 선수의 평균타율에 수렴해 가는 과정이에요. 평균보다 아주 뛰어난 성과는 지속해서 유지하기 어렵고 장기적으로 가면 평균값에 가까워져요.

마찬가지로 평균에 훨씬 미치지 못하는 성적이 나와도 일시적 현상일 뿐 결과적으로는 평균에 가까워져요. 이것을 평균 회귀의 법칙이라고 해요.

이 평균 회귀의 법칙은 선수 개인뿐 아니라 팀의 성적에도 그대로 적용할 수 있어요. 그래서 야구팬들 사이에서는 올라갈 팀은 올라가고, 내려갈 팀은 내려간다는 유명한 말이 있어요.

우리 인생도 마찬가지예요. 지금 우리 인생이 하향곡선을 그리는 것 같아도 끝없이 떨어지는 것은 아니고요, 반대로 당장 상승곡선을 그려도 한없이 높아지는 것도 아니에요. 장기적으로 보면, 결국에는 다 비슷해져요. 평균을 향해 수렴해 가는 거죠. 지금 좀 안 된다고 낙심할 이유 없고요, 좀 잘된다고 교만할 것도 없는 거예요.

'왜 나만 겪는 고난이냐고'라는 제목의 찬양에 "왜 나만 겪는 고난이냐고 불평하지 마세요…… 왜 이런 슬픔 찾아왔는지 원망하지 마세요. 당신은 잃은 것보다 주님께 받은 은혜 더욱 많음에 감사하세요" 라는 가사가 있어요.

정말 그렇지 않나요? 우리는 내게만 좋지 않은 일이 일어난다고, 내 주변에만 좋은 사람이 없다고 불평하고 원망하지만, 우리가 정말 하나님의 은혜를 한 번도 경험한 적이 없나요? 그래도 하나님의 은혜로 여기까지 온 우리 인생인데, 마치 은혜를 한 번도 받아본 적 없는 것처럼 말해서는 안 돼요. 문제는 하나님의 은혜가 없는 게 아니라, 은혜에 대한 우리의 올바른 반응이 없는 게 아닐까요?

다윗이 들은 절망의 소리들, 그러나 '구원은 여호와께 있사오니'

✦ ✦ ✦

시편 3편은 다윗이 아들 압살롬에게 쫓길 때 쓴 시예요. 다른 사람도 아니고 사랑하는 아들의 반역으로 인해 왕좌에서 쫓겨났을 때 다윗의 심정은 어떠했을까요? 비참했을 거예요. 정말 살고 싶지 않은 기분이었을 거예요. 그때 다윗의 고백이에요.

> "여호와여 나의 대적이 어찌 그리 많은지요 일어나 나를 치는 자가 많으니이다. 많은 사람이 나를 대적하여 말하기를 그는 하나님께 구원을 받지 못한다 하나이다." (시 3:1-2)

다윗이 어려움에 처했을 때 주변 사람들이 다윗을 향해 하나님의 구원이 없다고 했어요.

사면초가라는 사자성어가 있죠. 이 말의 유래가 이래요.

초나라 항우와 한나라 유방이 천하의 패권을 놓고 싸울 때였어요. 유방의 한나라 군이 항우의 초나라 군을 포위하고 맹공을 퍼부었는데도, 초나라 군의 기세가 꺾어지지 않았어요.

싸움이 장기전으로 가자 한나라 책사 장량이 한 가지 묘책을 내요. 밤마다 초나라 군사들에게 구슬픈 초나라 노래를 들려주는 것이었어요. 그러면 고향에 두고 온 부모님, 처자식 생각에 전의를 상실하게 될 것이라는 것이었죠.

과연 예상대로 사방에서 들려오는 초나라 노랫소리에 초나라 군사들의 기세가 꺾이게 되고 항우는 패배하고 자결을 하게 돼요.

우리가 어려운 일을 만났을 때 극복할 방법이 없어 궁지에 빠진 상태를 사면초가라고 하는데, 사면에서 초나라 노랫소리가 들린다는 뜻이에요.

다윗도 사면초가의 상황이었어요. 사방에서 들리는 소리는 하나님이 구원해 주지 않는다는 부정적인 말뿐이었어요. 주변 사람들이 위로는 못 해줄망정 마음에 비수를 꽂는 말들만 하고 있는 거죠.

그런데, 다윗이 이런 사람들의 말을 듣고서 뭐라고 하나요?

> "여호와여 주는 나의 방패시요 나의 영광이시요 나의 머리를 드시는 자이시니이다" (시 3:3)

다윗은 주변사람들의 말에 동요하지 않았어요. 비록 자신의 죄로 인해 지금 징계를 받고 있지만, 이전에 하나님께서 자신을 도와주셨던 것처럼 앞으로도 도와주실 것을 믿었어요.

그래서 이렇게 고백합니다.

> "천만인이 나를 에워싸 진 친다 하여도 나는 두려워하지 아니하리이다" (시 3:6)

지금 다윗의 상황은 바뀌지 않았어요. 여전히 압살롬에게 쫓기고 있어요. 그러나 바뀐 게 있는데, 다윗의 마음이었어요. 자신에게 집착하여 '왜 나에게만 이런 일이' 했다면, 그는 낙심하고 좌절했을 거예요. 그러나 그는 하나님의 도우심을 믿음으로 바라보고 선포하며 자기 집착에서 벗어나요.

그래서 다윗은 압살롬에 대해 분노하지 않고 복수하려 하지 않을 수 있었어요. 가인이 동생 아벨을 향해 분을 쏟아내고 돌로 쳐 죽인 것과는 다른 모습을 보여주죠.

다윗이 어려운 일을 당했을 때 주변 사람들은 하나님의 구원이 없다 했어요. 그러나, 다윗은 휘둘리지 않아요. 집요하게 매달리는 자기 집착을 뿌리치고 믿음으로 고백해요.

> "구원은 여호와께 있사오니 주의 복을 주의 백성에게 내리소서" (시 3:8)

구원이 여호와께 있다고, 자신은 어려움이 와도 여전히 주의 백성으로 남아 있을 거라고, 그러니 주의 복을 주의 백성에게 내려달라고 간구해요.

    성경은 압살롬의 반란이 실패로 돌아갔다고 우리에게 증언하고 있어요. 결국, 하나님의 구원이 없다고 했던 사람들이 틀렸고, 지금은 어려움이 있지만 여전히 하나님의 구원이 있다고 했던 다윗이 옳았다는 것을 알 수 있어요.

모비딕을 향한 광기와 성경의 아합왕

✦ ✦ ✦

　미국 작가 멜빌이 쓴 『모비딕』이라는 고전 소설이 있어요. 우리에게는 일본식 제목인 백경으로 더 잘 알려진 작품이죠.

　이 책은 흰 고래 모비딕에게 한쪽 다리를 잃은 후 오로지 모비딕을 잡아 복수하는 것에 혈안이 되어 있는 노선장 에이합의 광기 어린 모습을 보여줘요.

　모든 선원들의 조언과 만류에도 그는 모비딕을 추격하는 것을 포기하지 않아요. 다른 고래를 잡을 수 있는 기회도 그냥 날려버리고, 오직 모비딕만 쫓아요.

　맹목적인 복수심에 불타올라 이성적인 판단을 하지 못하고 선원들을 위험 가운데 몰아넣는 선장 에이합에게 스타벅이라는 선원이 이렇게 말해요.

　"보세요! 모비딕은 당신을 노리고 있지 않아요. 오히려 당신이 모비딕을 미친 듯이 노리고 있다고요!"

　실제로 모비딕이 작정하고 에이합을 죽이려다가 다리를 문 것이 아니었어요. 그저 에이합에게서 자신을 보호하려고 했던 것뿐이었어요. 공격한 것이 아니라 방어한 것이었어요. 결국, 끝까지 자기 집착을 버리지 않은 에이합 때문에 자신을 비롯하여 모든 선원들이 바다에 수장되는 비참한 결과를 맞게 돼요.

우리에게 어떤 상처가 있고, 문제가 생겼다 하더라도 그것은 우리를 해하고 죽이려고 유독 '나에게만' 온 게 아니라는 사실을 알아야 해요. 그렇지 않고 '왜 나에게만 이런 일이'라고 해석을 하면 자기 집착에 빠지게 되고, 자기 집착은 반드시 우리 인생을 가라앉게 만들어요. 마치 모비딕에 대한 광기 어린 집착을 버리지 못해 수장된 에이합처럼 말이에요.

자기 집착의 끝판왕, 아합

에이합은 사실 구약 성경의 악한 왕 아합을 모티브로 한 인물이에요.

열왕기상 21장을 보면, 아합 왕이 나봇의 포도원을 빼앗는 이야기가 나와요. 아합이 왕궁 가까이에 있는 나봇의 포도원을 탐내어 사려고 하지만, 나봇이 거절해요. 이스라엘 사람들은 조상에게 물려받은 땅을 다른 사람에게 팔지 않거든요. 집안 대대로 내려오는 기업이기 때문이에요.

그러자, 욕심 많은 아합이 원하는 것을 손에 넣지 못하자 앓아누워버려요. 이 모습을 본 아합왕의 아내 이세벨이 나서요. 나봇이 하나님을 욕했다고 하는 거짓 증인들을 세워서 나봇을 죽인 다음 그의 포도원을 빼앗아 아합에게 줘요. 아합왕 못지않게 악한 왕비였어요.

생각해 보세요. 아합 왕은 이미 가진 게 많은 사람이었어요. 한

나라의 왕만큼 많은 재물과 권력을 가진 사람이 또 있을까요? 나봇의 포도원 하나쯤 없어도 아쉬울 게 없는 사람이에요. 그 땅이 없다고 해서 불행할 이유가 하나도 없는 사람이었어요.

  그런데, 나봇의 포도원을 손에 넣지 못해서 앓아 누웠어요. 불행하게 된 거죠.

  아합을 불행하게 한 것이 무엇일까요?

  포도원을 팔지 않은 나봇 때문인가요? 아니면, 이미 가진 게 많지만 다른 사람의 포도원마저도 탐낸 자신의 욕심, 집착 때문인가요? 당연히 자신의 집착 때문이에요. 결국 아합은 죄 없는 나봇을 죽인 벌로 자신도 죽게 돼요. 아합을 죽게 만든 건 다름 아닌 나봇의 포도원을 향한 자기집착이었어요. 모비딕을 향한 집착을 버리지 못해 죽은 에이합과 같은 운명을 맞게 된 거죠.

자기 집착에서 벗어나 천국을 경험하세요

✦ ✦ ✦

인생 살아가다 보면 여러 가지 문제를 만나게 돼요. 그때 만약 우리가 '왜 나만'이라는 생각을 하면, 별 수 없이 가인의 길, 에이합의 길, 아합의 길을 가게 될 거예요. 패망의 길로 가게 되는 거예요.

왜 우리가 이 땅에서 살아가면서 천국을 경험하지 못할까요?

우리가 예수님을 믿는다고 하는데 천국을 경험하지 못한다면, 우리도 알지 못하게 자기 집착에 사로잡혀 있는 것은 아닌지 점검해야 해요.

자기 집착에 사로잡혀 있으면 교회를 다녀도 하나님 나라를 누릴 수가 없어요.

자기 집착에서 벗어나서 하나님 나라를 누리세요.

【내 삶의 변화를 위한 질문과 실천】

우리가 자기 집착에 빠지지 않고 더 나은 삶을 살아가기 위해서는 나 자신만을 바라보는 시선에서 벗어나, 더 넓은 시야로 세상을 바라보는 연습이 필요하죠. 다음 질문들을 통해 여러분의 삶을 돌아보고, 구체적인 실천 사항들을 고민해 보세요.

• 생각해 봅시다

!) 내 삶을 어렵게 하는 '자기 집착'은 무엇인가요?

!) '구원은 여호와께 있다'는 고백이 내 삶에 어떤 변화를 가져올 것이라고 기대하시나요?

• 실천해 봅시다

!) 다른 사람의 성공을 보며 '왜 나만 이럴까?'라는 생각 대신, '저 사람에게서 무엇을 배울 수 있을까?' 질문하기

!) 내 삶에 닥친 어려움 속에서 '하나님은 나를 어떻게 도우셨는가?'를 기억하고 감사하기

!) '왜 나만?'이라는 자기 집착에서 벗어나, 하나님의 관점으로 자신과 세상을 바라보는 연습하기

COURAGE FAREWELL PERSPECTIVE COUNTERFLOW **UPSTREAM**
SELF-OBSESSION **TAKING RESPONSIBILITY** PRAYER COPERNICAN SHIFT
PRAYER SURFING THE WAVES COURAGE PERSPECTIVE **FAREWELL**
PRAYER COURAGE **COPERNICAN SHIFT** SELF-OBSESSION FAREWELL
TAKING RESPONSIBILITY FAREWELL **PERSPECTIVE** SELF-OBSESSION
TAKING RESPONSIBILITY **COUNTERFLOW** COPERNICAN SHIFT PRAYER
UPSTREAM COURAGE FAREWELL PERSPECTIVE **SELF-OBSESSION**
SURFING THE WAVES PRAYER COURAGE FAREWELL COUNTERFLOW
TAKING RESPONSIBILITY **COPERNICAN SHIFT** COURAGE **FAREWELL**

07

TAKING RESPONSIBILITY

회개는
나의 책임을 인정하는 것이다

천국은 사랑의 공감을 통해 우리 삶에 찾아오며,
이 사랑은 모든 것을 뛰어넘는
가장 가치 있는 보화입니다. 사랑의 공감은
나의 책임을 인정하는 것에서부터 시작됩니다.

열가지
회 개
이야기

사랑하는 사람을 잃지 않으려면
어떻게 해야 할까요?

✦ ✦ ✦

몇 년 전, 차를 타고 가면서 오디오북으로 소설 한 편을 듣게 되었어요. 모파상의 『첫눈』이라는 짧은 소설이었는데, 고작 30분 정도의 이야기였지만 제 마음에 큰 파문을 일으켰어요.

파리 출신의 여자와 노르망디 출신의 남자가 서로 사랑에 빠져 결혼을 하고, 남자의 고향 노르망디에서 가정을 꾸려요. 우리 식으로 말하면 서울 같은 대도시 출신 여자와 시골 출신 남자가 만난 거죠.

그런데 이 노르망디의 겨울이 매우 춥고 길었어요. 도시 출신 아내에겐 견디기 힘든 날씨였던 거죠. 그래서 남편에게 추위를 호소했지만, 남편은 무심하게 곧 적응이 될 거라고만 했어요. 견디다 못해 난로를 놓아달라고 했는데도 듣지 않았어요. 지금까지 난로 없이 잘 살았는데 무슨 난로냐는 거였어요. 심지어 추운 게 더 건강에 좋다는 말도 되지 않는 이야기를 하기까지 했죠. 긴 겨울을 피해 몇 주 파리에 다녀오게 해달라는 말도 묵살했어요. 결국 아내는 폐병에 걸려 죽어가게 되죠.

이 남편의 문제는 무엇이었을까요?

누군가를 사랑한다는 것은 상대방의 기준에서 생각하고 공감해주는 거예요. 그런데 남편은 아내와 얼굴을 마주보고 대화를 나눴지만, 실상은 자신의 기준과 자기 판단이라는 등신대를 세워놓고 그것을 마주보면서 '자기 자신'과 대화를 한 거예요. 아내의 고통과 필요를 외면하고 오직 자신의 경험과 기준만으로 상황을 판단했던 거죠.

    소설을 듣다가 저는 깜짝 놀랐어요. "어? 이 말들… 내가 정말 많이 했던 말인데?" 내가 참 사랑이 부족하고 연약한 사람이구나 하는 생각을 하게 되었어요.

천국은 죽어서 가는 곳이 아니라
지금 여기에서 누리는 것

✦ ✦ ✦

우리 모두는 하나님 나라를 누리고 싶어해요. 가정이 천국이 되었으면 좋겠고, 내 직장이 천국이 되었으면 좋겠고, 만나는 사람들과 좋은 관계를 누리고 싶어요. 그렇다면 우리 인생이 그렇게 힘들지 않을 거예요.

하지만 우리는 왜 이렇게 살아갈 수 없을까요?

복음은 하나님 나라가 현재 우리 삶에 왔다는 소식이에요. 예수 그리스도의 복음이 우리에게 기쁜 소식인 이유는 예수님이 이 땅에 오심으로 우리가 지금 여기서 천국을 누릴 수 있게 되었기 때문이에요. 분명히 성경은 우리에게 하나님 나라가 이미 왔다고 하는데, 우리는 그것을 경험하지 못할 때가 있죠.

보낸 이는 있는데 받은 사람이 없다면 중간에 분실 사고가 난 걸까요?

물론 그렇지 않죠. 우리가 천국을 누리지 못하는 이유는 하나님의 다스림 속에 거하지 않기 때문이에요. 천국은 우리가 하나님의 다스림 안에 머무를 때 우리 삶 속에 이뤄져요. 하나님의 말씀이 우리의 생각과 뜻, 감정, 삶의 목표까지도 다스릴 때 비로소 누릴 수 있는 것이 천국인 거예요. 하나님을 나를 다스리는 분으로 인정하는 사람이 지혜로운 사람이라고 할 수 있어요.

> "여호와를 경외하는 것이 지혜의 근본이요 거룩하신 자를 아는 것이 명철이니라" (잠 9:10)

하나님의 하나님 되심을 인정하고 그분을 경외하는 것이 지혜라면, 그 결과는 무엇일까요?

> "나 지혜로 말미암아 네 날이 많아질 것이요 네 생명의 해가 네게 더하리라" (잠 9:11)

이것은 생명 연장의 꿈을 이야기하는 게 아니에요. 우리가 여호와를 경외하면 이 땅에서 복된 것들을 풍성히 누리게 된다는 의미죠. 그리고 이 지혜는 결국 하나님과의 관계를 회복하여 이웃을 사랑하는 삶으로 이어져요. 이것이야말로 우리가 지금 여기서 천국을 누리는 진정한 방법이에요.

진짜 지혜로운 삶은 무엇일까요?
(구약 시가서에서 배우는 다섯 가지 지혜)

✦ ✦ ✦

그렇다면 구체적으로 어떻게 하나님을 경외하는 지혜로운 삶을 살 수 있을까요? 구약 성경의 시가서, 즉 욥기, 시편, 잠언, 전도서, 아가서는 이에 대한 핵심적인 가르침을 담고 있어요. 이 다섯 권의 책을 통해 지혜로운 삶의 다섯 가지 핵심 요소를 알아볼게요.

욥기: 한계를 인정하는 지혜

욥기의 키워드는 '한계'예요. 당대 현인이라고 하는 욥의 친구들이 고통 중에 있는 욥을 찾아가요. 그렇지만 그들 중 어느 누구도 욥의 고난의 이유를 명쾌하게 해석하지 못해요. 결국 그들 모두 그들이 한 말로 인해 하나님의 책망을 받게 되죠.

무엇을 의미하는 걸까요? 우리의 판단과 생각은 한계가 있다는 거예요. 그러므로 내 생각과 판단이 잘못된 것일 수도 있다는 것을 인정하는 것에서부터 천국이 시작되는 거예요.

시편: 다양한 경험 속에서도 변함없는 신뢰

시편의 키워드는 '경험'이에요. 우리는 살면서 여러 다양한 상황에 처하게 되죠. 아마 주일 예배를 드리는 성도님들의 삶의 정황도, 마음 상태도 다 다를 거예요. 정말 예수 믿고 사는 게 이렇게 좋은 거구나 하고 고백하면서 즐겁게 나오는 분들도 있을 것이고, 그와 반대로 예수 믿어도 별로 달라지는 게 없다며 문제가 왜 그대로인지 의아해하는 분들도 있을 수 있어요.

시편 기자도 여러 삶의 정황 속에서 때로는 감사하고 찬송하기도 하지만, 또 때로는 불평하고 원망하기도 해요. 그런데 시편의 마지막은 항상 "'그래도' 내가 하나님을 기대합니다. 하나님이 나를 구원하실 줄 믿습니다"라는 고백으로 끝이 나죠.

인생의 맑은 날이나 궂은 날이나 언제나 변함없이 하나님이 나의 구원임을 고백할 때, 결국 구원을 베푸시는 하나님을 경험하게 돼요. 우리에게 그 경험이 있어야 해요. 때로는 우리 생각에 이것이 아닌 것 같다고 하는 생각이 들어도, 내 기분에 맞지 않아도 억지로라도 "하나님이 맞습니다"라고 인정하는 것이 필요해요.

잠언: 실제적인 하나님 경외의 삶

잠언은 '실제'를 이야기해요. '한계'를 가진 우리가 삶의 여러 '경험' 속에서 하나님을 경외하며 살아가는 것이 구체적으로 무엇인지 가르쳐 주죠. 하나님을 경외하는 사람의 인간관계는 어떠하며, 물질관은 어떠해야 하는지 아주 실제적인 이야기를 해요.

전도서: 진정한 가치를 분별하는 지혜

전도서는 '가치'를 말해요. 인생에서 무엇이 최고의 가치를 가졌는지 가르쳐 주죠. 우리가 인생을 다 살아보고 마지막에 '아, 이것은 가치가 있는 것이고, 저것은 무가치한 것이었구나' 하고 깨달으며 죽어서는 안 되죠. 무엇이 정말 가치 있는 것인지 미리 알아야 해요. 인생 다 지나고 깨닫는다면 너무 안타깝지 않을까요?

그런데 우리는 종종 하나님의 말씀보다 내 생각을, 하나님의 뜻보다 내 감정을 우선시해요. 자기 고집을 부리며 자기 뜻대로 살다가 인생이 힘들어지고 나서야 하나님의 말씀이 가치가 있구나 하는 사람은 어리석은 사람이에요. 때로 내 생각으로 아닌 것 같아도, 감정적으로 느껴지지 않아도, 최고의 가치이신 하나님께 뿌리를 내리고 사는 사람이 지혜로운 사람이에요.

아가: 사랑으로 완성되는 모든 지혜

시가서의 마지막 아가서는 '사랑'을 노래해요. 하나님과 하나님 백성의 온전한 사랑을 이야기하죠. 결국 시가서는 무엇을 말하는 걸까요? 하나님을 사랑하는 자가 그분을 경외함으로 천국을 누리게 된다는 거예요. 한 마디로 사랑이 제일 중요하다는 거죠. 회개는 내 책임을 인정하는 것에서 시작되지만, 그 목적과 완성은 사랑이에요.

아가서를 조금 더 살펴보면, 아가서는 솔로몬 왕과 술람미 여인이라고 하는 신분의 차이가 있는 두 남녀가 만나 사랑하고 결혼을 하는 내용이에요. 그러나 갈등을 경험하게 되고 힘들어하다가 결국은 사랑으로 이 모든 것을 극복한다는 이야기예요.

그 중에서 5장은 두 사람이 결혼 후 갈등을 경험하게 되는 부분이에요. 신랑이 신부를 찾아가요. 머리에 이슬이 가득하다는 말은 그만큼 밖에서 오래 서 있었다는 말이에요. 그런데 신부가 뭐라고 해요?

> "내가 옷을 벗었으니 어찌 다시 입겠으며 내가 발을 씻었으니 어찌 다시 더럽히랴마는" (아 5:3)

사랑하는 사람이 늦은 시간 찾아왔다고 이제 잠자리에 누웠다고 내일 다시 오라고 할 사람이 있을까요? 그런데 옷을 벗었다고, 발을 씻었다고 못 나오겠다고 하는 거예요. 만남을 거절하는 거죠. 이것은 신부의 마음상태를 보여주는 거예요. 둘 사이에 뭔가 갈등이 생긴 거죠.

그런데 어떤 이유인지 모르지만, 뒤늦게 신부가 문을 열어줘요.

> "내가 내 사랑하는 자를 위하여 문을 열었으나 그는 벌써 물러갔네 그가 말할 때에 내 혼이 나갔구나 내가 그를 찾아도 못 만났고 불러도 응답이 없었노라" (아 5:6)

신부가 문을 열었는데 문 밖에 이슬을 맞고 서 있어야 할 신랑이 없는 거예요. 그 사이를 참지 못하고 가버린 거예요. 서로 엇박자가 난 거죠.

이런 갈등 관계에서 신부가 하는 말이에요.

> "당신이 내 오빠였다면, 내 어머니의 젖을 먹고 자란 오빠였다면 내가 밖에서 당신을 만나 입을 맞춰도 아무도 내게 손가락질하지 않을 텐데." (아 8:1)

무슨 말이에요? 신랑, 그러니까 솔로몬 왕이 술람미 여인 자신과 같은 신분이었다면, 둘의 만남에 사람들이 이러쿵저러쿵 손가락질하지 않았을 텐데 하는 거예요.

서로의 감정을 확인하고 사귀면 마냥 행복한 날만 있을까요? 그렇지 않죠. 사귀면서 갈등을 경험할 때가 있어요. 모든 관계가 그래요. 그런데 솔로몬 왕과 술람미 여인의 관계에서 갈등의 요인은 신분 차이였던 거예요. 그런데 그 갈등을 어떻게 해소하고 다시 회복하게 될까요?

> "많은 물도 이 사랑을 끄지 못하겠고 홍수라도 삼키지 못하나니 사람이 그의 온 가산을 다 주고 사랑과 바꾸려 할지라도 오히려 멸시를 받으리라" (아 8:7)

많은 물로도 끌 수 없고 홍수로도 삼키지 못할 사랑의 힘으로 극복을 하게 되죠. 사랑이 그 어떤 것으로도 대체할 수 없고, 바꿀 수 없는 능력인 거예요. 결국 우리가 하나님을 사랑할 때, 그분의 말씀을 즐거워하고, 그분의 다스림에 기꺼이 거하게 되는 거죠. 그럴 때 우리가 비로소 우리 삶 속에 임하는 천국을 경험하게 되는 거예요.

인생의 오케스트라: 사랑이 만드는 기적

✦ ✦ ✦

　그럼 우리가 서로 사랑하면 어떤 일이 일어나게 될까요? 우리 주변의 많은 사람들이 우리 인생의 오케스트라 단원이 돼요. 서로 다른 소리를 내는 악기가 조화를 이루어 아름다운 음악을 만드는 것이 오케스트라예요. 우리가 매일 만나는 사람들을 사랑할 수만 있다면, 그의 소리에 귀 기울이고 공감하고 받아들이면 그들은 우리 인생의 음악을 더 풍요롭게 만드는 단원들이 될 거예요.

　그런데 우리가 만일 나와 다른 소리를 낸다는 이유로 다른 사람을 거절하고 배척하면 어떻게 될까요? 우리 곁에는 아무도 남지 않게 될 거예요. 혼자만 남게 되어 여럿이 함께 하는 협연은 할 수 없고, 항상 독주만 해야 할 거예요.

　누군가 우리 인생의 음악을 함께 협연해주는 연주자가 되어준다는 것이 얼마나 큰 축복인가요. 어떤 좋은 것을 준다고 해도 바꾸지 않을 천국의 보화와 같은 거예요. 우리가 다른 사람을 사랑할 수 있다면 우리가 매일 만나는 사람들이 우리 인생의 오케스트라 단원이 될 수 있겠죠. 돈으로도 환산할 수 없는 귀한 가치예요. 사랑의 유익이 이렇게 커요. 사도 바울도 사랑이 없으면 그 어떤 열심과 희생이 있다 하더라도 아무 의미가 없다고 말씀했어요.

　그런데 우리가 다른 사람을 사랑하기 위해서는 먼저 공감해야 해요. 상대방에게 공감하면 우선 내 마음에 평안이 찾아와요. 상대방이 이해가 되지 않으면, 사실 내 마음이 얼마나 불편한지 몰라요. 이해되지 않는 말과 행동을 하는 사람 때문에 내가 너무 힘이 들죠. 그런데 '그 사람 입장에서 보면 그럴 수도 있겠구나' 하고 이해가 되고 공감이 되면, 상대가 편한 것은 둘째치고 우선 내 자신이 얼마나 편한지 몰라요.

내가 상대방을 공감해주면, 그래서 내가 상대를 편하게 대해주면, 상대도 나를 대화상대로 여기고 인정해 주게 되죠. 그렇게 서로 통하게 되면 서로가 각자의 인생에 오케스트라 단원이 되어주게 되는 거예요. 한 사람이 내 인생에 들어와서 내 편이 되어주면, 그 한 사람으로 인해 얼마나 내 인생이 확장되는지 몰라요. 한 사람과의 만남은 우리에게 더 넓은 세상을 경험하게 해줘요. 그 사람이 아니었다면 전혀 경험하지 못할 세상을 보게 되고 누리게 되는 거예요. 얼마나 큰 축복인지 몰라요.

불협화음으로 가득한 우리의 현실

✦ ✦ ✦

하지만 현실은 어떨까요? 문제는 우리가 다른 사람을 사랑하는 것은커녕 공감조차도 제대로 하지 못한다는 거예요. 그리고 우리는 이것을 상대방의 잘못으로 돌리는 경우가 많아요. "저 사람이 이해하기 어려운 사람이야", "저 사람이 너무 까다로워", "저 사람이 나와 안 맞아" 하면서 말이에요.

그런데 진실은 무엇일까요? 우리 자신의 경험과 생각만 절대시하기 때문에 세상을 보는 시야가 좁아진 거예요. 내 생각과 판단이 전부라고 생각하고 다른 사람의 의견을 수렴하지 않기 때문에 관계가 어려워진 거죠. 이것은 상대방의 문제가 아니라 나의 문제, 나의 책임이에요.

구스타브 플로베르의 소설 『보바리 부인』의 주인공 엠마 보바리는 소녀 시절 무분별하게 읽은 낭만적 경향의 소설로 인해 자신의 삶도 소설처럼 모든 것이 아름답고 멋질 것이라는 이상에 빠져 있었어요. 현실에서 결혼과 출산, 그리고 두 번의 불륜을 거치지만 그 어느 것도 그녀의 열망에 답해 주지 않았어요. 일상으로부터 탈출하기 위한 불륜은 많은 빚만 남기게 되고 결국 경제적 파산으로 음독자살에 이르죠.

소설에서 엠마 보바리는 자신이 가진 결혼 생활에 대한 이상이 채워지지 않자 모든 책임을 남편에게서 찾아요. 그녀의 남편을 향한 생각을 알 수 있는 몇 문장을 소개해볼게요.

"남자란 그래서는 안 되고 모든 것에 뛰어나고 격렬한 정열이라든가 세련된 생활이라든가 모든 신비한 세계로 안내해주는 안내자이어야 하지 않을까. 그런데 이 남자는 무엇 하나 가르쳐주지 못하고, 아는 것이 하나도 없고, 아무것도 바라는 것이 없다."

"아! 왜 결혼 같은 걸 했지?" 우연한 인연으로 다른 남자를 만날 수 있지 않을까 생각해보고, 그리고 실제로는 일어나지 않았던 그러한 일들과 지금과 색다른 생활이며 알지 못하는 남편을 마음속에 그려보려 했다. 어떤 쪽이든 지금의 남편보다는 나을 것이 틀림없었다. 어쩌면 미남에다 재주도 있고, 품위 있고, 매력적이었을지 모른다.

"이제는 남편의 모든 것이 싫었다. 얼굴도, 옷도, 아무 말도 하지 않는 것도, 그의 온몸, 그의 모든 인격, 나아가서는 남편의 존재 자체가 도무지 싫었다."

실제로 남편은 의사로서 직업에 성실하고 가정에 충실한 사람이었어요. 그녀는 문제의 책임이 자신에게 있다는 것을 인정하지 못했어요.

우리는 어떨까요? 우리도 다르지 않아요. 문제의 책임을 자신에게서 찾기보다는 남편 때문에, 직장 때문에, 사회구조 때문에 이렇게 문제를 타자화하려는 죄성이 있어요. 하지만 불협화음을 만들어내는 책임이 우리 안에 있다는 것을 발견하게 되면 "나 때문에 남편이 힘들었겠구나, 나의 이런 부분을 참아주고 있었구나" 알게 되면서 상대를 이해하고 공감하게 돼요. 그러나 공감하지 못하고 불협화음을 만드는 '공감장애'는 책임을 회피하고 전가하는 우리의 연약함에서 기인해요.

공감장애의 해법은 책임을 인정하는 것부터!

✦ ✦ ✦

 윤혜령 청각장애인 바리스타 자매가 공감장애를 극복한 이야기를 들려드릴게요. 이분은 비장애인뿐만 아니라 청각장애인들이 바리스타 교육을 받고 카페를 창업할 수 있도록 돕는 일을 하고 있어요. 이분은 들을 수 없기 때문에 아무래도 다른 사람과의 소통이 힘든 분이에요. 꼭 필요로 하는 대화 외에 날씨 이야기나 안부를 묻는 일상적인 대화는 하지 않는 경우가 많았다고 해요. 그러다보니 아무래도 공감 능력이 떨어질 수밖에 없었어요.

 언젠가는 카페에서 일을 하다 실수로 컵을 떨어뜨려 깨뜨렸는데, 다른 사람들은 전부 컵이 깨지는 소리에 깜짝 놀랐지만, 이분은 소리를 들을 수 없기 때문에 놀라지 않았어요. 그래서 그냥 무심하게 깨진 컵을 치웠다고 해요. 다른 사람의 감정에 공감하지 못했던 거죠.

 이분은 자기 스스로가 이런 공감장애를 가졌음을 깨달은 후 다른 사람을 공감하려고 많이 노력했어요. 청각장애를 가진 사람들은 자신의 목소리를 들을 수 없기 때문에 자연스럽게 말하지 못하게 되는 경우가 많죠. 말을 하더라도 발음이 부정확하거나 자연스럽지 못한 경우가 많아요. 그런데 이분의 목소리와 발음은 거의 비장애인과 다르지 않아요.

말을 하면서 대충 내 발음이 정확하겠지 짐작하고 그치는 것이 아니라, 계속해서 어머니에게 자신의 발음이 어떤지 물어보고 고쳤다고 해요. 자신이 말하고 그치는 것이 아니라, 자신의 말이 다른 사람에게 어떻게 들리는지에 관심을 가지고 정확한 발음을 하기 위해 노력을 기울인 끝에 현재와 같이 말할 수 있게 되었다고 해요.

모이기를 힘쓰는 사랑의 실천

◆ ◆ ◆

공감장애는 비단 어떤 장애를 가진 사람들에게만 있는 것이 아니에요. 오늘날 우리가 사는 이 세상은 점점 더 개인주의화되어 가고 있어요.

그러나 우리가 다른 사람과의 공감과 교제 없이 혼자 산해진미를 먹는다 한들 행복하다 할 수 있을까요? 아닐 거예요. 반찬 몇 개 없는 소박한 식탁이라도 나를 이해해주고 또 내가 공감하는 사람들과 함께 식탁을 공유할 때 우리는 행복감을 누릴 수 있어요. 가진 게 좀 부족하다고 해서 불행한 게 아니에요. 다른 사람과 공감하지 못하고 혼자 고립되어 살아가는 게 불행한 삶인 거예요. 공감하기를 거부하고 이기적인 것만큼 바보스러운 일도 없어요. 우리가 행복한 삶을 살기를 원한다면 우리에게 주어진 관계를 소중히 여겨야 해요.

성경은 우리에게 모이기를 힘쓰라고 권해요.

> "날마다 마음을 같이하여 성전에 모이기를 힘쓰고 집에서 떡을 떼며 기쁨과 순전한 마음으로 음식을 먹고" (행 2:46)
> "모이기를 폐하는 어떤 사람들의 습관과 같이 하지 말고 오직 권하여 그 날이 가까움을 볼수록 더욱 그리하자" (히 10:25)

서로 모여서 공감해주라는 거예요. 모일 때 때로는 오해가 있을 수도 있고, 본의 아니게 서로에게 상처를 주고받을 수도 있어요. 그러나 그 오해와 상처는 우리가 상대와 우리 자신 사이에 세워놓은 자신만의 기준, 자기 판단이라는 나의 등신대 때문은 아닌지 점검해 볼 필요가 있어요.

나의 책임을 인정하며 상대방을 마주할 때 서로 간에 공감이 일어나고 서로를 사랑하게 될 거예요. 서로의 인생의 음악을 더 아름답고 풍요롭게 하는 오케스트라 단원이 되어주길 바랍니다.

【내 삶의 변화를 위한 질문과 실천】

진정한 사랑과 회개는 내 책임을 인정하는 것에서 시작되요. 문제의 원인을 다른 사람에게 돌리지 말고 나 자신에게서 찾을 때 진정한 공감과 화해가 가능해져요. 서로 다른 사람들과 모여 공감하고 사랑할 때 우리 인생은 아름다운 오케스트라가 될 수 있어요. 다음 질문들을 통해 여러분의 삶을 돌아보고, 구체적인 실천 사항들을 고민해 보세요..

• 생각해 봅시다

!) 최근 갈등을 겪은 사람과의 관계에서 나는 상대방의 기준에서 생각해보려고 노력했나요?

!) 지금 내가 힘들어하는 문제의 책임을 다른 사람에게 돌리고 있지는 않나요?

• 실천해 봅시다

!) **공감의 첫 걸음 내딛기** : 한 사람을 정해서 그 사람의 입장에서 생각해보고 먼저 공감의 말을 건네보기

!) **내 책임 인정하고 사과하기** : 갈등상황을 객관적으로 적고 내가 기여한 부분을 솔직히 적어보며 사과해보기

!) **다름과 조화 연습** : 나와 성향이나 의견이 다른 사람과 대화시간 가져보기

08

S U R F I N G   T H E   W A V E S

회개는
하나님의 파도를 타는 것이다

인생의 짜증과 분노는
하나님이 주신 파도를 거스르기 때문입니다.
우리는 그 파도를 이해하고
순응하며 즐길 때
진정한 평안을 얻을 수 있습니다.

열가지
회 개
이야기

내 뜻대로 안되는 삶,
왜 이렇게 화가 날까요?

✦ ✦ ✦

사무엘상 20장에는 심한 짜증과 분을 내는 사울 왕의 모습이 묘사되고 있어요. 사울 왕이 왜 짜증이 났을까요? 사울 왕은 백성들의 인기와 지지를 한 몸에 받고 있는 다윗이 언젠가 자신의 왕좌를 넘볼지도 모른다는 불안감에 시달렸어요. 그래서 호시탐탐 다윗을 제거할 기회를 엿보고 있던 상황이었어요.

다윗은 왕의 식탁에 함께 앉아 식사를 하곤 했는데, 다윗이 보이지 않자 사울이 의아하게 생각해요. 처음엔 무슨 일이 있어서 못 나왔겠지 했는데, 그 다음날도 이틀 연속으로 보이지 않자 다윗이 자신의 속내를 알아차리고 도망친 것은 아닌지 불안해했어요. 그래서 요나단에게 다윗이 왜 식사자리에 보이지 않는지 물었어요. 요나단은 다윗의 절친이니까 이유를 알 거라고 생각했던 것 같아요.

그런데 요나단은 아버지 사울 왕의 마음을 아는지 모르는지, 태연하게 다윗이 가족 행사로 베들레헴에 갔다고 대답해요. 그러자 사울이 요나단에게 버럭 화를 내요. 그리고는 아버지로서 아들에게 해서는 안 될 말을 해요. "패역무도한 계집의 소생아! 네가 이새의 아들을 택한 것이 네 수치와 네 어미의 벌거벗은 수치 됨을 내가 어찌 알지 못하랴!"

요나단을 낳은 어머니까지 욕보이는 입에 담지 못할 험한 말을 쏟아낸 거예요. 그래도 화를 삭이지 못한 사울은 급기야 요나단에게 단창을 던져요. 그냥 위협하고 겁주기 위해 던진 게 아니라 정말로 죽이기 위해 던진 거였어요. 극도의 짜증과 화로 인해 제정신이 아니었던 거죠.

사울 왕의 짜증은 다윗이 등장하고 나서부터 계속되는 것을 볼 수 있어요. 죽을 때까지 그는 분에 가득 차 있어요. 사울은 자신의 인생이 짜증스러운 것은 다윗 때문이라고 생각했어요. 그래서 다윗을 죽이려고 한 거죠. 다윗만 없어지면 자기 인생도 다시 평온을 되찾을 거라고 착각했던 거예요. 번지수를 완전 잘못 짚은 거죠.

짜증의 진짜 원인은 무엇일까요?

✦ ✦ ✦

  예수를 믿으면서도 평강과 기쁨 대신 짜증과 분이 마음에 가득하다면 원인을 찾아봐야 해요. 사울은 다윗과 요나단 때문에 불행하다고 생각했지만, 진짜 문제는 하나님과의 관계가 틀어진 데 있었어요. 하나님과의 관계에 문제가 생기니까 사람들과의 관계도 꼬이기 시작한 거예요.

  하나님이 다윗에게 기름을 부으시고 사울을 대신할 왕으로 택하신 이유가 뭘까요? 사울이 하나님 보시기에 합당하지 않았기 때문이에요. 하나님의 기대에 부응하지 못했기 때문이에요. 더 이상 이스라엘을 사울에게 맡길 수 없어서 다윗을 등장시키신 거예요.

  그러니까 사울은 다윗을 탓할 게 아니라 자신을 돌아봤어야 해요. 자신이 바른 판단을 못 하니까 하나님이 아들 요나단을 통해서라도 옳은 길을 보여주신 거였어요. 그런데 사울은 주변 사람들이 자신을 괴롭힌다고 생각하며 분을 냈어요. 정작 분을 내야 할 대상은 하나님의 뜻대로 나라를 다스리지 못한 자신이었는데 말이에요.

  스타 강사 김미경은 <나는 왜 계속 인생에 신경질만 내고 있을까?>라는 제목의 유튜브 강의에서 이렇게 말해요. "우리가 신경질 내는 이유는 다른 사람을 바꾸려 하기 때문이다. 마음에 안 드는 사람이 내 마음에 들게 바뀌길 원하지만 절대 안 바뀐다. 그래서 신경질이 난다."

이걸 달리 표현하면, 우리가 인생에 짜증 내는 이유는 하나님이 우리 인생에 주신 것들을 받아들이기 싫어하기 때문이에요.

우리 삶에 자꾸 짜증이 나는 건 생각한 대로, 원하는 대로 안 되기 때문이잖아요. 하나님의 뜻이 이뤄지지 않아서 짜증 난 적은 없어요. 교회가 부흥하지 않아서, 학교 복음화가 안 되어서, 내 자녀가 성령 충만하지 못해서 짜증 낸 적 있나요? 거의 없죠. 하나님 뜻과 상관없이 내 뜻이 안 이뤄져서 짜증 나는 거예요.

내 뜻이 아닌,
하나님의 뜻을 구하고 있나요?

✦ ✦ ✦

베드로의 일화를 한번 살펴볼까요? 마태복음 16장을 보세요. '너희는 나를 누구라 하느냐?'는 예수님 질문에 베드로가 '**주는 그리스도시오 살아계신 하나님의 아들이십니다**'라고 대답해서 칭찬받아요. 훈훈한 분위기였는데 갑자기 반전이 일어나요.

예수님이 뜬금없이 자신이 예루살렘에서 고난받고 십자가에 죽었다가 부활할 거라고 말씀하신 거예요. 베드로에겐 청천벽력이었어요. 예수님이 로마를 무너뜨리고 새 나라를 세울 거라고 기대했는데, 죽는다니요? 하늘이 무너져도 안 될 소리였어요.

다급해진 베드로가 예수님을 붙들고 항변해요.

> "베드로가 예수를 붙들고 항변하여 이르되 주여 그리 마옵소서 이 일이 결코 주께 미치지 아니하리이다" (마 16:22)

항변한다는 건 꾸짖는다는 뜻이에요. 제자가 스승을 혼내듯 말한 거예요. 겉으로는 예수님을 걱정하는 척했지만 속내는 달랐어요. '3년 반 고생하며 따라다녔는데 이제 좀 덕 보려 하는데 죽는다고요? 절대 안 돼요!'

예수님은 한 술 더 떠서 말씀하세요. '너희도 나를 따르려면 자기를 부인하고 십자가를 져야 한다.' 너희도 죽어야 한다는 소리였어요. 베드로는 엄청 짜증이 났을 거예요. 나중에 예수님이 잡히실 때 배신하고 도망친 것, 심지어 예수님을 저주한 것도 다 그 짜증 때문이었어요.

내 뜻을 버리지 않는 한 우리는 짜증과 분노에서 자유로워질 수 없어요. 하나님이 내 뜻을 막는다고 짜증 내고, 주변 사람들이 내 계획을 방해한다고 화내요. 사울처럼 가족에게까지 분을 터뜨리게 되는 거예요.

경찰에 붙잡힌 나, 오히려 은혜였습니다.

✦ ✦ ✦

우연히 기독교방송에서 직업상담가 김덕희 대표의 간증을 보게 되었어요. 주식 중독에 걸려 전 재산을 잃고 노숙인이 되어 자살시도만 7번이나 했던 분이에요.

천만원으로 시작한 주식이 한 달 만에 3천만원이 됐어요. 그런데 이분이 이때를 '비극의 시작'이라고 표현해요. 2천만원을 더해 5천만원으로 투자했더니 3개월 만에 2억이 되어버렸어요. 그렇게 28억까지 벌었는데, 풍선 바람 빠지듯 순식간에 사라지더니 결국 원금까지 모두 잃고 빚더미에 앉게 됐어요.

가족 재산과 부친의 땅까지 모두 날리고 사채까지 끌어다 썼어요. 완전히 중독의 늪에 빠진 거죠. 더 이상 돈을 구할 방법이 없자 극단적인 선택을 해요. 화장실 벽의 장기매매 광고를 보고 중국에 가서 장기를 팔아 주식 자본을 만들려고 한 거예요.

서해에서 중국행 밀항선에 올랐지만 해양경찰에 붙잡혔어요. 만약 중국까지 갔다면 살아 돌아오지 못했을 거예요. 설령 장기를 팔고 돌아와도 그 돈 역시 금세 날렸을 테고요. 해양경찰 덕분에 목숨을 건진 셈이죠.

당시엔 계획이 수포로 돌아간 게 너무 화가 나서 경찰에 저항하고 폭행까지 했대요. 하지만 그 일로 더 이상 주식을 할 수 없게 되었고, 노숙 생활 중에 하나님을 만나 회복됐어요. 김덕희 대표는 나중에 이렇게 고백했어요. "그때는 경찰에 붙잡힌 게 너무 화났는데, 지금 생각해보니 그게 하나님의 은혜였어요."

우리도 계획대로 일이 풀리지 않으면 짜증이 나죠. 아이스 아메리카노 대신 뜨거운 아메리카노가 나오는 그런 사소한 짜증 말고요. 인생이 내 뜻대로 되지 않을 때 느끼는 그 근원적인 불만 말이에요.

하나님이 파도를 보내시는 진짜 이유

✦ ✦ ✦

우리 인생에 불만과 짜증이 가득한 이유는 대부분 하나님이 주신 인생의 파도를 거스르려 하기 때문이에요. 그런데 왜 우리 인생에 파도가 몰아치는 걸까요? 하나님이 주신 사명을 감당하지 않고, 하나님 뜻대로 살지 않기 때문이에요.

이스라엘이 앗수르와 바벨론에 망한 걸 생각해보세요. 하나님이 앗수르와 바벨론을 더 사랑해서가 아니에요. 이스라엘을 사랑해서 정신 차리고 회개하길 바라셨기 때문이에요. '하나님께 불순종하니까 이런 큰 파도를 맞는구나' 깨닫게 하려는 거였어요.

만약 그런 파도가 없었다면 이스라엘이 회개했을까요? 절대 그렇지 않았을 거예요. 돈을 너무 사랑하는 사람이 그 돈 때문에 망하는 경험 없이 하나님께 돌아오는 걸 본 적 없어요. 자식에게 지나치게 집착하는 부모가 그 자식을 눈물로 포기하지 않고 하나님께 돌아오는 것도 본 적 없고요.

사울은 왕권 지키는 걸 하나님보다, 하나님이 주신 사명보다 더 소중히 여겼어요. 거기서부터 문제가 시작된 거예요. 그래서 하나님이 다윗을 세우신 거죠. 하나님이 정신 차리라고 파도를 보내시는데, 사울은 그 파도에 정면으로 맞서며 거부한 거예요.

할리우드 영화에 나오는 멋진 서핑 장면들, 보신 적 있으신가요? 최근 우리나라에도 서핑 인구가 100만 명에 달한다고 해요. 서 퍼들은 서핑이 단순한 익스트림 스포츠가 아니라 자연 앞에서 겸손해지는 신성한 문화라고 말해요.

핵심은 파도가 서퍼에게 맞춰주는 게 아니라 서퍼가 파도에 맞춰야 한다는 거예요. 파도가 몰려올 때 그 움직임을 있는 그대로 받아들이고 몸을 완전히 맡겨야 파도를 탈 수 있어요. 예측 불가능한 바다 상황에 전적으로 의지해야 하는 거죠.

파도 없는 인생은 없어요. 하지만 파도를 거스르지 않고 순응하면 살 수 있고 즐길 수 있는 길이 있어요. 하나님이 파도를 보내시는 이유는 명확해요. 다시 하나님께로 돌아오라는 거예요. 다시 사명을 붙들라는 거예요.

나에게 주어진 파도를 점검하고,
감사함으로 나아가요!

✦ ✦ ✦

우리 인생의 파도도 내 힘으로 통제하거나 조절할 수 없어요. 아무리 과학이 발달해도, 아무리 정교한 계획을 세워도 인생은 우리 예상대로 흘러가지 않아요. 재정 전문가가 짜준 완벽한 계획대로 살면 파도 없이 안전할 거라고 생각하지만, 그렇지 않죠. 우리에게는 수많은 파도가 올 수밖에 없고, 궁극적으로는 '죽음'이라는 피할 수 없는 파도 앞에 서게 됩니다. 모든 미래를 내가 생각하고 계획한 대로 통제하려 하지만, 실제로 그대로 되는 사람은 거의 없어요.

하나님은 우리가 그분이 주신 사명대로 살기를 바라세요. 그 사명에 얼마나 충성하느냐에 따라 각자의 삶에 다른 파도들을 보내세요. 우리를 천국으로 인도하시기 위해, 바른 길로 이끄시기 위해 파도를 보내시는 거예요. 경찰에게 잡혔을 때 짜증났던 김덕희 씨의 경험처럼, 그때 그 파도가 없었다면 훨씬 더 비참한 미래가 기다리고 있었을 거예요. 파도를 이해하고, 파도가 올 때 일어서고, 파도가 끝나면 다시 바닷물에 빠져 새로운 파도를 기다리는 것. 이것이 바로 서핑이자, 우리 인생의 모습인 거죠.

인생에 짜증이 난다면, 그것은 나에게 파도를 주신 하나님에 대해 짜증이 나 있는 것일 수 있어요. 서핑을 처음 배우는 사람들이 짜증을 내고 금방 포기하는 것처럼, 우리는 왜 인생이 이렇게 되어가는지 불평하기 전에, 하나님께서 왜 나에게 이런 파도를 주셨을까를 기도해보세요.

하나님을 원망하고 주변 사람들에게 화내기 전에, 하나님이 주신 파도에 몸을 맡기세요. 그래야 파도에 휩쓸리는 게 아니라 파도를 탈 수 있어요.

인생이 불만족스럽고 제대로 안 돌아간다고 느껴진다면, 하나님이나 주변 사람들이 잘못되어서가 아닐 가능성이 높아요. 내가 하나님이 주신 파도를 받아들이지 않기 때문일 거예요.

하나님이 보내신 파도를 거스르는 방식으로는 하나님 나라를 누릴 수 없어요. 하나님의 파도에 순응해야만 하나님 나라를 경험할 수 있다는 걸 기억하세요.

【내 삶의 변화를 위한 질문과 실천】

우리가 '인생의 파도'에 대해 이야기하면서, 짜증과 분노의 근본적인 원인이 어디에 있는지, 그리고 어떻게 하면 그 파도를 지혜롭게 탈 수 있을지에 대해 깊이 생각해 보았어요. 다음 질문들을 통해 여러분의 삶을 돌아보고, 구체적인 실천 사항들을 고민해 보세요.

◆ 생각해 봅시다

!) 하나님이 나에게 주신 '파도'라고 생각되는 현재의 어려움이나 상황은 무엇이며, 나는 그것을 어떻게 받아들이고 순응할 수 있을까요?

!) 주변 사람들에게 짜증을 내는 나의 모습이 있다면, 그 근본적인 원인이 하나님과의 관계에 있지는 않은지 묵상하고, 어떻게 변화할 수 있을까요?

◆ 실천해 봅시다

!) **돌아보기** : 내 삶에 짜증과 불만이 있다면, 그 원인이 하나님이 주신 파도를 내가 거스르고 있기 때문은 아닌지 기도하기

!) **사명을 위해 기도하기** : 내 뜻이 아닌 하나님의 뜻이 이루어지기를 기도하며 나에게 주신 사명을 구하기

!) **하나님과의 관계회복** : 주변 사람들에게 짜증을 내기 전에, 내가 사울처럼 하나님께 불순종하고 있지는 않은지 점검하고, 하나님과의 관계 회복을 구하기

COURAGE FAREWELL PERSPECTIVE COUNTERFLOW **UPSTREAM**
SELF-OBSESSION **TAKING RESPONSIBILITY** PRAYER COPERNICAN SHIFT
PRAYER SURFING THE WAVES COURAGE PERSPECTIVE **FAREWELL**
PRAYER COURAGE **COPERNICAN SHIFT** SELF-OBSESSION FAREWELL
TAKING RESPONSIBILITY FAREWELL **PERSPECTIVE** SELF-OBSESSION
TAKING RESPONSIBILITY **COUNTERFLOW** COPERNICAN SHIFT PRAYER
UPSTREAM COURAGE FAREWELL PERSPECTIVE **SELF-OBSESSION**
SURFING THE WAVES PRAYER COURAGE FAREWELL COUNTERFLOW
TAKING RESPONSIBILITY **COPERNICAN SHIFT** COURAGE **FAREWELL**

09

P R A Y E R

회개는 기도 밖에 없음을
아는 것이다

고통스러운 상황 속에서
다른 방법이 없음을 인정하고, 나의 욕심이 아닌
하나님의 뜻에 초점을 맞춰 기도하며
순종할 때 하나님은 우리를 변화시키고
놀라운 역사를 이루십니다.

열가지
회　개
이야기

절망 속에서 만난
기도의 기적

✦ ✦ ✦

　인생을 살다 보면 도저히 내 힘으로는 해결할 수 없는 문제에 부딪힐 때가 있습니다. 돈으로도, 노력으로도, 스펙으로도 안 되는 그런 절망적인 순간이죠. 뉴욕 맨하튼에 있는 리디머장로교회의 설립자 팀 켈러 목사님도 그런 순간을 겪었다고 합니다. 목사님이 쓴 『기도』라는 책이 있어요. 그 책에서 팀 켈러 목사님은 자신의 이야기를 해요. 2001년 911 테러로 인해 뉴욕시 전체가 우울증에 걸려 있었을 때 목사님의 가정에도 어려운 문제가 생깁니다. 목사님의 아내 케이시 사모님이 크론병이라는 희귀병에 걸려 투병생활을 하고 있는 와중에 팀 켈러 목사님도 이듬해 갑상선 암 진단을 받게 되어요. 그야말로 '기도외에는 달리 도리가 없는' 상황에 놓였던 것입니다.

　하지만 놀랍게도, 팀 켈러 목사님은 이 절망적인 상황 이후 오히려 전성기를 맞았다고 해요. 건강이 안 좋고 암 진단을 받았음에도 불구하고, 그 시점부터 그의 사역이 더욱 활발해지고, 한 지역 교회의 목회자였던 팀 켈러 목사님이 미국 전역을 넘어 세계적인 지도자로 발돋움하게 되죠. 암 진단과 아내의 병이 그를 세계 교회에 큰 영향을 미치는 리더로 만드는 발판이 되었다는 거예요. 이처럼 삶의 가장 밑바닥에서 시작된 기도가 그의 인생을 완전히 바꿔놓은 거예요.

우리 주변에도 이런 '기도외에 다른 도리가 없는' 상황에 처한 청년들과 사람들이 많아요. 취업이 막막하고, 집값은 너무 오르고, 배우자나 자녀 문제로 고통받는 등 혼자서는 해결할 수 없는 현실적인 어려움들이 가득하죠. 나라를 욕한다고 답이 나오지 않는 막막한 미래 앞에서 우리는 과연 어떻게 해야 할까요? 오늘 이야기는 바로 그 지점에서 시작됩니다.

팀 켈러 목사님처럼 뛰어난 사람도, 그리고 우리처럼 평범한 사람도, 인생의 절박한 순간에 결국 기도의 필요를 느끼고 깨닫게 되죠. 기도는 관념적인 것이 아니라, 기도 외에는 달리 도리가 없는 우리의 상황에서부터 출발하는 것입니다.

한나가 발견한
기도의 비밀

✦ ✦ ✦

성경에 기도 말고는 달리 방법이 없는 상황에 처한 여인이 등장해요. 그녀의 이름은 한나예요. 한나가 기도했을 때 그녀의 삶에 어떤 놀라운 변화가 일어났는지를 살펴보려고 해요.

한나는 세 가지 과정을 통해 기도하게 돼요.

1단계 : 인정하기 – 막다른 길에서 만나는 하나님

우리가 기도하기 위해서 거쳐야 할 과정의 첫 단계는 인정하는 거예요. 내가 얼마나 무능하고, 하나님 없이는 살 수 없는 존재인지를 솔직하게 인정하는 것부터 시작됩니다.

성경은 '**한나가 마음이 괴로워서 여호와께 기도하고 통곡했다**'고 기록하고 있어요(삼상 1:10). '기도했다'는 말 앞뒤로 '괴로웠다', '통곡했다'는 말이 있어요. 기도할 수밖에 없는 상황이었다는 것을 보여주는 거예요.

지금 한나의 고통은 아이가 없다는 거예요. 만약 지금 시대였다면 인공수정도 하고 시험관 시술도 했을 수 있겠죠. 시도하는 것 자체는 문제가 되지 않아요. 그러나 모든 방법은 다 시도하는데 거기에 기도만 빠져 있다면 문제예요. 우리가 왜 기도하기 어려운 줄 아시나요? 우리는 돈이나 사회적 스펙 같은 것으로 자신을 지탱할 수 있다고 생각하며 기도를 미루곤 합니다. 아직 다른 수가 남아있다고 생각하기 때문에 기도가 어렵게 느껴지는 것이죠. 하지만 한나는 하나님 밖에는 다른 수가 없다는 것을 인정했어요. 우리도 하나님 없는 자신의 삶의 비참함을 인정해야 해요. 그래야 하나님 앞에서 꼿꼿하게 버티지 않고 납작 엎드릴 수 있어요. 정말 하나님의 도움 없이는 인생의 비참함을 벗어날 수 없다는 것을 인정한 사람의 기도에는 간절함이 있어요.

한나는 통곡하며 기도했어요. 소리 내어 울고 싶어서 우는 게 아니에요. 하나님이 아니고서는 해결해 줄 수 없는 뿌리 깊은 죄성을 깨닫게 되면 통곡할 수밖에 없는 거예요. 억지로 참으려고 해도 저절로 터져나오는 탄원인 거죠.

우리 인생에도 아무리 노력해도 내 계획대로 착착 이루어지지 않는다는 것을 깨달을 때가 옵니다. 사업, 직장, 인간관계, 결혼, 자녀 교육... 어느 것 하나 내 마음대로 되지 않을 때 마음이 괴롭고, 바로 그 지점에서 "아, 나는 하나님과 단절되어서 하나님 없이는 살 수 없는 존재이구나" 하고 인정하게 되는 거예요. 그리고 우리에게는 그 잘못을 바로잡을 힘이 없다는 것도 인정하게 됩니다.

'인정하는 것', 거기서부터 기도가 시작돼요. 나의 무능함과 죄성, 그로 인한 비참함을 인정하는 것은 이제 모든 것을 하나님께 맡기는 것을 의미해요.

2단계: 초점 옮기기 – 받는 것에서 드리는 것으로

하나님의 도움 없이 살 수 없다는 것을 인정했으면, 그 다음 단계는 초점을 옮겨야 해요.

> "서원하여 이르되 만군의 여호와여 만일 주의 여종의 고통을 돌보시고 나를 기억하사 주의 여종을 잊지 아니하시고 주의 여종에게 아들을 주시면 내가 그의 평생에 그를 여호와께 드리고 삭도를 그의 머리에 대지 아니하겠나이다" (삼상 1:11)

한나는 아들을 달라고 간절히 기도해요. 그런데 그녀의 기도는 간청으로 그치지 않은 것을 볼 수 있어요. 자녀를 주시면 하나님께 드리겠다고 서원을 해요.

사실 이 세상에 하나님의 것이 아닌 게 없고, 우리 인생도 전부 하나님의 소유예요. 자녀도 마찬가지예요. 내 자녀이기 전에 하나님의 자녀예요. 그렇게 보면 하나님의 자녀를 하나님께 드리는 것은 그렇게 칭찬받을 만한 일이 아니에요. 너무나 당연한 일이에요.

그런데 우리 눈에는 대단하게 보이지 않나요? 우리는 그 당연한 일을 하지 못하기 때문이에요. 내 모든 것이 다 하나님의 것이라고 말은 하지만, 실제로 드리지는 못하고 있어요. 더 달라고만 하고 있는 경우가 많아요.

"하나님, 많은 물질을 주세요. 좋은 직장을 주세요. 자녀를 좀 변화시켜 주세요. 우리 남편, 아내를 변화시켜 주세요."

이것이 우리의 기도와 한나의 기도의 차이예요. 우리 기도는 간청에 그치고 있다면, 한나의 기도는 간청에서 서원으로까지 이어지고 있어요. 기도의 초점이 내가 받는 것에서 하나님께 드리는 것으로 옮겨진 거예요.

하나님을 정말로 인정하는 사람은 반드시 이 단계로 넘어가요. 우리가 기도의 초점을 나에게서 하나님께로 옮기면, 나의 필요를 채우는 것에 집중되었던 기도가 하나님이 원하시는 것을 구하는 기도로 바뀌는 것을 경험하게 돼요.

우리 기도의 관심이 '하나님이 나를 위해 해주실 수 있는 일이 무엇인가'에 머물러 있다가 '내가 하나님 나라의 확장을 위해 할 수 있는 일이 무엇인가'로 바뀐다는 거예요. 나 중심적인 기도에서 하나님 중심적인 기도로 바뀌는 거예요.

하나님은 우리가 나 자신만을 위한 기도를 하는 것이 아니라, 우리의 삶을 통해 하나님의 뜻을 이루기를 원하신다는 것을 깨닫는 것이 중요합니다. 하나님은 나를 변화시켜 당신의 뜻을 이루어 가시기 때문이죠. 기도를 통해 하나님께 초점이 옮겨진 사람은 "말씀 하옵소서, 주의 종이 듣겠나이다"라고 고백하며, 내가 할 일을 발견하게 됩니다.

3단계: 순종하기 – 평안과 기적의 시작

기도의 세 번째 단계는 순종하기예요. 한나가 괴로운 마음을 가지고 하나님 앞에 엎드려 통곡하며 기도한 후에 한 게 무엇이죠?

> "이르되 당신의 여종이 당신께 은혜 입기를 원하나이다 하고
> 가서 먹고 얼굴에 다시는 근심 빛이 없더라" (삼상 1:18)

기도하기 전에는 자신의 문제로 인해 한나의 얼굴에 근심이 가득했어요. 그러나 기도하고 난 후에는 얼굴에서 이전 같은 근심 빛이 사라졌어요.

아직 자녀가 생긴 것이 아니었어요. 마리아처럼 수태고지를 받은 것도 아니었어요. 그저 타락한 엘리 제사장의 영혼 없는 위로만 들은 상태였어요. 그러나 한나는 하나님께 자신의 문제를 맡기고, 자기 유익이 아닌 하나님이 영광을 받으시는 쪽으로 구하고 나서 마음의 평안을 얻은 거였어요.

자신의 곤고함을 인정하고, 기도의 초점을 하나님께로 옮기면 이제 순종하기의 단계에 들어갈 수 있어요. 인정하기와 초점 옮기기, 앞의 두 단계를 거치지 않고서 순종할 수 없어요. 그래서 어찌 보면 순종하기가 가장 힘들고 어려울 수 있어요.

그러나 순종하면 그때 비로소 기적을 경험하게 돼요.

하나님께서 한나의 기도에 응답하셔서 아들을 주세요. 한나는

아이가 젖을 뗄 동안 데리고 있다가 젖 뗀 후에 하나님께 약속한 대로 아들을 드려요. 한나가 어린 사무엘을 엘리 제사장에게로 데려가서 하는 말이에요.

> "이 아이를 위하여 내가 기도하였더니 내가 구하여 기도한 바를 여호와께서 내게 허락하신지라 그러므로 나도 그를 여호와께 드리되 그의 평생을 여호와께 드리나이다 하고 그가 거기서 여호와께 경배하니라" (삼상 1:27-28)

그녀는 기도하면서 하나님의 뜻을 구했고, 기도로 얻은 아들을 하나님께 드림으로 하나님의 뜻에 순종했어요.

순종하니까 어떤 놀라운 일이 벌어지는지 아세요?

> "여호와께서 한나를 돌보시사 그로 하여금 임신하여 세 아들과 두 딸을 낳게 하셨고 아이 사무엘은 여호와 앞에서 자라니라" (삼상 2:21)

한나가 기도 응답으로 얻은 아들을 하나님께 다시 드렸을 때, 하나님은 다섯 자녀를 더 주셨어요. 순종하는 자에게 주시는 하나님의 축복은 간신히 아들 하나 낳고 그치는 것이 아니었어요.

하나님은 자신에게 순종하는 자에게 넘치는 복을 주세요. 이것을 통해 하나님은 한나에게 자신이 모든 생명을 주관하신다는 사실을 알려주십니다.

왜 우리는 기도해도 응답받지 못할까요?

✦ ✦ ✦

때로는 우리가 간절히 기도해도 응답받지 못하는 것처럼 느껴질 때가 있어요. 왜 그럴까요?

> "너희는 욕심을 내어도 얻지 못하여 살인하며 시기하여도 능히 취하지 못하므로 다투고 싸우는도다 너희가 얻지 못함은 구하지 아니하기 때문이요 구하여도 받지 못함은 정욕으로 쓰려고 잘못 구하기 때문이라" (약 4:2-3)

야고보서는 우리 기도가 응답받지 못하는 것에 대해 두 가지 이유를 들어요.

우리가 욕심이나 잘못된 동기로 구하거나, 심지어는 기도하지 않기 때문에 응답받지 못하는 경우가 많다는 거죠.

먼저는 구하지 않기 때문이라는 거예요. 우리는 기도를 하기 전에 너무 많은 노력을 해요. 남편이 바뀌길 원하면 싸움부터 하고, 자녀가 잘 되길 원하면 조바심을 내며 내 방식대로 키우려 하죠. 온갖 수를 다 써보고 나서야 비로소 기도의 자리에 나아가는 경우가 많습니다. 우리 스스로 욕심을 내고 노력해도 얻지 못하는데,

하나님께 구하지도 않기 때문에 응답받지 못하는 거에요.

  두 번째 이유는 잘못 구하기 때문이에요. 구하는 것까지는 좋아요. 그런데, 정욕으로 쓰려고 잘못 구하기 때문에 응답이 없어요. 하나님께서 우리 가정을, 우리가 속한 교회를, 사회를 변화시키시는 방법은 '나부터'예요. 우리가 변하지 않으면서 상황만 바꿔달라고 하는 기도는 공허한 메아리에 불과합니다. 자신부터 변화시켜 나가세요. 이기적으로 오로지 자기 자신만을 위해서 기도하라는 뜻이 아니에요. 자신의 삶을 놓고 변화되기를 구하라는 말이에요. 동심원이 안쪽부터 바깥쪽으로 퍼져나가는 것처럼 우리 자신부터 변화시키세요. 내 뜻에서 하나님의 뜻으로 초점이 옮겨가지 않은 기도는 아무리 열심히 해도 소용이 없습니다.

절망적인 상황이
오히려 기회가 될 수 있다고요?

✦ ✦ ✦

팀 켈러 목사님이 아내의 불치병과 자신의 갑상선암 발병으로 인해 '기도 말고는 달리 할 수 있는 게 없었다'고 고백했죠. 이 말이 어떻게 들리나요?

기도 외에는 달리 할 수 있는 게 없다는 것은 절망스러운 상황이 아니에요. 오히려 기도를 통한 하나님의 은혜를 경험할 수 있는 절호의 기회예요. 우리의 힘든 현실이 하나님 나라의 축복으로 바뀔 수 있는 기회인 거죠.

제가 어려서부터 알고 지내던 동생이 있어요. 이 형제는 시골에서 성장하여 지방대를 졸업하고 결혼했어요. 은행 취업을 준비하며 부족한 학벌을 보완하기 위해 열심히 공부에 매진했어요. 취업 후에는 승진을 위해 매일 야근에 회식에 공부까지 정말 열심히 성실히 생활하며 직장에서도 인정받는 직원으로 성장해가고 있었어요. 원하던 결혼, 원하던 직장에 취업을 하면서 내가 열심히 노력하면 성공할 수 있다고 믿게 되었죠. 그렇게 승승장구하던 어느 날 인생에 큰 고난이 닥쳤어요. 갑작스러운 질병으로 너무나 사랑하는 아들을 먼저 떠나 보내게 되었죠.

자녀를 잃게 된 깊은 슬픔으로 부부는 인생의 어두운 시기를 보내게 되었지만 결과적으로 고난은 이 부부의 인생을 더욱 아름답게 변화시켜 주었어요. 부부가 함께 기도하며 깊은 어둠의 시간을 보낼 때 하나님의 위로하심으로 새 생명을 주셔서 사랑하는 아들을 얻게 되었고, 입양을 통해 가슴으로 낳은 특별한 아들까지도 품게 되었어요. 또 교회에서도 장로로서 많은 영혼들을 섬기고 하나님을 사랑하고 이웃을 사랑하는 삶으로 믿음의 본을 보여주고 계십니다. 감당할 수 없는 절망 앞에 기도 말고는 달리 할 수 있는게 없던 시기, 교회와 이웃을 섬기는 일을 우선으로 하며 지나온 인생을 하나님께서는 아름다운 인생으로 변화시켜 주셨습니다.

우리의 실패와 아픔은 우리를 전혀 다른 사람으로 변화시킬 수 있는 기회가 됩니다. 힘들고 괴로운 일이 많을수록, 우리는 기도의 자리로 나아가게 되고, 거기서 우리의 초점은 하나님께로 옮겨지며, 결국 하나님의 뜻에 순종하게 되죠. 이런 과정을 통해 우리는 비로소 우리를 고양시키고, 상상할 수 없는 인물로 변화시키는 하나님의 역사를 경험하게 될 거예요. 여러분의 힘든 상황이 절망이 아닌 소망의 시작이 되기를 바랍니다.

【내 삶의 변화를 위한 질문과 실천】

우리는 모두 삶의 여러 순간에 어려움과 마주합니다. 때로는 그 어려움이 너무 커서 '기도 외에는 달리 도리가 없는' 상황에 처하기도 하죠. 하지만 바로 그 순간이 우리 삶의 진정한 변화를 시작할 수 있는 기회가 될 수 있습니다. 다음 질문들을 통해 여러분의 삶을 돌아보고, 구체적인 실천 사항들을 고민해 보세요.

★ 생각해 봅시다

!) 나의 기도가 나의 욕심이 아닌 하나님의 뜻에 초점을 맞추고 있는지 어떻게 확인할 수 있을까요?

!) 고통스러운 상황 속에서 하나님께 온전히 순종하며 평안을 얻기 위해 지금 당장 할 수 있는 일은 무엇인가요?

★ 실천해 봅시다

!) 나의 삶에서 기도 외에 다른 도리가 없다고 느껴지는 문제들을 솔직하게 인정하기

!) 나의 기도제목이 나의 욕심이 아닌, 하나님의 뜻과 주권에 초점을 맞추고 있는지 점검하고 수정하기

!) 하나님의 뜻에 순종하며, 나의 상황과 감정에 상관없이 하나님께 소망을 두고 평안을 누리기

10

COPERNICAN SHIFT

회개는 인생의
코페르니쿠스적 전환이다

우리의 삶에서 진정한
코페르니쿠스적 전환은 세상의 기준을 버리고
예수 그리스도를 삶의 중심으로 삼을 때 시작됩니다.
내 생각과 뜻을 부수고 주인 되신
예수님의 말씀을 붙잡고
인생의 코페르니쿠스적 전환을 맞이하세요.

열가지
회 개
이야기

천 년의 상식을 뒤엎은 한 과학자의 발견

✦ ✦ ✦

지금은 너무나 당연스럽게 여기지만, 중세 때까지도 상상조차 할 수 없었던 것들이 있어요. 대표적인 게 지동설이죠.

태양중심설이라고도 하는 지동설은 지구를 비롯한 여러 행성들이 태양을 중심으로 돌고 있다는 우주관이에요. 처음 이것을 주장한 사람은 16세기 코페르니쿠스라는 과학자예요. 그가 살던 시대엔 모두가 지구중심설을 굳게 믿던 때였어요.

지동설을 주장하는 것은 단순히 새로운 과학 이론을 제시하는 게 아니었어요. 당시 유럽을 지배하던 기독교적 세계관에 대한 정면 도전이었거든요. 코페르니쿠스도 자신의 주장이 일으킬 파장을 잘 알았기에 책 『천구의 회전에 관하여』의 출간을 미루다가 그가 죽던 해인 1543년에야 세상에 내놓았어요.

그런데 결과적으로 그의 예상은 기우에 그쳤어요. 당시 대부분의 사람들은 과학적 이론에 무관심했고, 그의 이론을 이해할 전문 지식도 부족했거든요. 물론 일부에서 반대 목소리가 나왔고, 16세기까지 침묵했던 교황청이 1616년에 이 책을 금서로 지정하기도 했지만요.(1758년 금서 해제).

코페르니쿠스는 천년이 넘도록 유럽을 지배했던 지구중심설을 정면으로 반박한 인물이었어요. 그래서 그의 책이 출판된 1543년을 근대과학의 출발점이라고 부르죠. 근대과학 혁명의 신호탄을 쏜 인물인 거예요.

그래서 우리는 혁명적인 발상의 전환이나 큰 변혁을 '코페르니쿠스적 전환'이라고 불러요. 아이폰의 등장이 대표적 예죠. 아이폰 이전의 모든 휴대폰은 전화나 문자 기능을 가진 전화기였어요. 그런데 아이폰은 소셜미디어, 인터넷, 이메일, 음악, 영화까지 아우르는 스마트폰 시대를 열었어요. 핸드폰의 개념 자체가 완전히 바뀐 거죠.

역사를 둘로 나눈 한 사람의 등장

✦ ✦ ✦

인류사에 이런 코페르니쿠스적 전환을 일으킨 사건이 있어요. 바로 예수님의 등장이에요.

우리가 인류 역사를 B.C와 A.D로 나누는 것만 봐도 예수님이 인류사에 미친 영향이 얼마나 큰지 알 수 있어요. 그런데 이천년 전 팔레스타인에 오신 예수님이 지금 우리에게 왜 중요할까요?

예수님으로 인해 우리 실존 자체가 바뀌었기 때문이에요. 우리 삶이 본질적으로 변화되었기 때문이죠.

예수님은 공생애를 시작하며 이렇게 선포하셨어요.

"회개하라 천국이 가까이 왔느니라" (마 4:17)

천국이 뭘까요? 원하던 대학에 들어가고, 좋은 회사에 취직하고, 좋은 사람을 만나는 것 정도로는 코페르니쿠스적 전환이라 할 수 없어요. 당장은 큰 변화가 일어난 듯하지만, 시간이 지나면 이전과 크게 달라지지 않았다는 걸 깨닫게 되거든요.

천국은 예수님을 만나지 못했다면 세상 그 누구도, 그 어디서도 경험할 수 없는 완전히 새로운 세계예요. 오직 예수님을 만나고 나서야 경험할 수 있는 하나님 나라죠.

만약 예수님이 천국이 가까이 왔다고만 말씀하셨다면, 그건 칼 마르크스의 이상향(모두가 평등한 세상)처럼 현실적으로 존재할 수 없는 공허한 꿈과 다를 바 없었을 거예요. 하지만 예수님은 달랐어요. 자신이 선포한 그 천국을 우리에게 주시기 위해 십자가에서 죽으셨거든요.

동서고금을 막론하고 정치 권력자가 국민을 위해 목숨을 희생한 경우는 찾아볼 수 없어요. 권력을 얻고 지키기 위해 국민을 이용하는 이들은 많았지만, 국민을 위해 자신의 목숨을 던진 이는 없었어요. 그런데 예수님은 천국을 우리에게 주시려고 스스로 십자가에 오르셨어요. 도저히 이해할 수 없는 일이 벌어진 거죠.

제자들도 전혀 예상하지 못한 일이었어요. 예수님이 천국에 대해 말씀하실 때, 제자들은 예수님이 예루살렘에서 새 왕국을 세우실 거라 생각했어요. 그때 누가 더 높은 자리에 앉을지를 두고 싸우기까지 했죠.

만약 예수님이 로마를 전복하고 새 왕국을 세우려 하셨다면, 수많은 유대인 반란 지도자 중 한 명이 되었을 거예요. 실제로 A.D 132년 바르 코크바(Bar Kokhba)가 로마에 항거해 반란을 일으켰고, 많은 사람들이 그를 메시아로 여겼어요. 유대인들은 이런 정치적 구원자를 기대했거든요.

제자들도 예수님을 그런 정치적 메시야로 기대했어요. 생업을 내팽개치고 3년 반을 따라다닌 것도 예수님이 세울 왕국에서 한자리 차지하겠다는 꿈 때문이었죠. 그런데 예수님이 갑자기 십자가에서 죽으신 거예요. 자신들의 모든 기대를 저버리고 배신한 것처럼 느꼈을 거예요.

하지만 예수님은 십자가에서 죽으시고 부활하심으로 당신이 하나님의 아들임을 선포하셨어요. 사도 바울의 증언이에요.

> "성결의 영으로는 죽은 자들 가운데서 부활하사 능력으로 하나님의 아들로 선포되셨으니 곧 우리 주 예수 그리스도시니라" (롬 1:4)

한 시대를 누리다 역사 속으로 사라지는 세속의 왕이 아니라는 걸 보여주신 거예요. 여기서 진짜 코페르니쿠스적 전환이 일어났어요.

더 놀라운 건 부활하신 예수님을 믿으면 누구든지 예수가 다스리시는 하나님 나라를 경험하게 된다는 것이었어요. 사도 요한은 이렇게 증언해요.

> "내가 진실로 진실로 너희에게 이르노니 내 말을 듣고 또 나 보내신 이를 믿는 자는 영생을 얻었고 심판에 이르지 아니하나니 사망에서 생명으로 옮겼느니라" (요 5:24)

천국을 경험하는 기준이 뭘까요? 남들이 부러워하는 학벌, 재물, 권력, 명예를 가져도 예수를 믿지 않으면 천국을 살 수 없어요. 그건 천국을 못 사는 정도가 아니라 아예 사망 상태라는 거예요.

중국을 처음 통일한 진시황제도 고작 10년 남짓 다스리다 죽었어요. 세상의 어떤 지도자도 우리 인생에 코페르니쿠스적 전환을 가져다주지 못해요. 정치 지도자나 정권이 바뀐다고 우리 인생이 근본적으로 달라지지 않거든요.

오직 십자가에 죽으시고 부활하신 예수 그리스도와의 만남만이 우리 인생의 혁명적 전환을 가져다줘요.

함께 죽어야만 함께 살 수 있는 역설

✦ ✦ ✦

사도 바울은 예수님을 믿는다는 게 구체적으로 무엇을 의미하는지 이렇게 설명해요.

> "내가 그리스도와 함께 십자가에 못 박혔나니 그런즉 이제는 내가 사는 것이 아니요 오직 내 안에 그리스도께서 사시는 것이라 이제 내가 육체 가운데 사는 것은 나를 사랑하사 나를 위하여 자기 자신을 버리신 하나님의 아들을 믿는 믿음 안에서 사는 것이라" (갈 2:20)

예수님을 만났다는 걸 '그리스도와 함께 못 박혔다'고 표현해요. 믿음이란 단순히 "예수님이 십자가에 죽으신 거 믿어요, 부활하신 것도 믿어요" 하는 지적 동의가 아니라는 거죠. 교회 다니고 직분 받고 성경 지식으로 머릿속을 채운다고 달라지는 게 아니에요. 그것만으론 천국을 누릴 수 없다고 분명히 말해요.

우리가 그리스도와 함께 십자가에 못 박힐 때 비로소 하나님 나라의 삶이 시작돼요. 십자가에 죽는다는 건, 하나님의 아들을 믿는 믿음 안에서 산다는 건 구체적으로 뭘까요?

우리의 뜻을 내려놓고 하나님의 뜻을 구하는 거예요.

우리는 보통 내 뜻이 이뤄지지 않을 때 실망하고 상실감을 느껴요. 하지만 성경은 하나님의 뜻이 내 안에 이뤄질 때 천국이 시작된다고 말해요. 예수님이 제자들에게 기도를 가르치실 때도 "너희 뜻을 이뤄주겠다"고 하지 않으셨어요. "뜻이 하늘에서 이루어진 것 같이 땅에서도 이루어지이다"라고 말씀하셨죠.

우리 삶의 진짜 코페르니쿠스적 전환은 예수 그리스도와 함께 십자가에 못 박힐 때 일어나요. 예수와 함께 십자가에 못박히면 예수와 함께 다시 살게 돼요. 내 뜻이 죽고 하나님의 뜻이 이뤄져야 우리 인생에 천국이 임하는 거죠.

이걸 깨달으면 내 뜻대로 안 돼서 하나님의 뜻을 구하게 되는 게 오히려 축복이라는 걸 알게 돼요.

완벽한 조건을 가진 사람이
모든 것을 버린 이유

✦ ✦ ✦

사도 바울은 태생적으로 로마 시민권자였어요. 당시 로마 시민권자는 죽을 죄도 감면받는 특권을 가졌죠. 혈통적으로는 순수 유대인이었고, 가말리엘 문하에서 공부한 최고의 율법학자였어요.

요즘 말로 하면 부자집 아들에 공부 잘하고 인품까지 좋은 완벽한 엄친아였던 거죠. 모든 사람이 부러워할 조건을 다 갖춘 바울이 예수를 만나고 뭐라고 말하죠?

> "그러나 무엇이든지 내게 유익하던 것을 내가 그리스도를 위하여 다 해로 여길뿐더러" (빌 3:7)

자신이 자랑스러워하고 남들이 부러워했던 모든 걸 해로운 것으로 여겼어요. 바울에게 예수와의 만남이 삶의 코페르니쿠스적 전환을 가져다줬기 때문이에요. 인생에서 중요하다고 여기는 가치가 완전히 바뀐 거죠.

우리가 중요하게 여기는 게 있을 때, 그것에 대해 인정받지 못하면 상처를 받아요. 외모를 가장 중요하게 여기는 사춘기 여학생이 외모를 지적당하면 상처받고, 돈을 중요하게 여기는 사람은 가난한 것 때문에 상처받죠.

이런 상처는 성형수술로 예뻐져도, 돈을 많이 벌어도 치료되지 않아요. 계속 더 예쁜 사람, 더 부유한 사람과 비교하며 상처받거든요.

어떻게 상처를 극복할 수 있을까요? 중요하게 여기는 가치를 바꾸면 돼요. 인생의 기준을 바꾸는 거죠. 바울이 바로 그랬어요. 예수를 만나고 인생의 가치와 기준이 완전히 바뀐 거예요.

> "또한 모든 것을 해로 여김은 내 주 그리스도 예수를 아는 지식이 가장 고상하기 때문이라 내가 그를 위하여 모든 것을 잃어버리고 배설물로 여김은 그리스도를 얻고" (빌 3:8)

예수를 만나고 예수가 인생의 가장 고귀한 가치라는 걸 알게 되니까, 이전에 중요하게 여겼던 모든 것들이 배설물 같다고 말해요.

혹시 우리가 바울이 배설물로 여기는 것들을 얻으려고 기도하고, 그걸 얻지 못해 실망하고 있진 않나요? 내 뜻이 이뤄지지 않는다고 낙심하고 하나님께 삐져 있다면, 아직 우리 기준이 바뀌지 않았다는 증거예요.

바울이 말한 '예수를 아는 지식'은 신학적 지식이 아니에요. 경험적 지식이죠. 책으로 배워서 아는 게 아니라 직접 경험해서 아는 지식이에요. '고상하다'는 것도 수준이 높다는 뜻이 아니라, 다른 것들에 비해 너무 강력해서 다른 모든 것들이 의미를 잃어버린다는 뜻이에요.

예수와 함께 죽고 예수와 함께 다시 사는 걸 경험하니까, 예수 안에서 천국을 맛보니까 이전에 중요하게 여겼던 모든 것들이 빛을 잃은 거예요.

진정한 행복의 비밀: 주인을 바꾸는 것

✦ ✦ ✦

바울은 천국을 경험하는 코페르니쿠스적 전환이 어떻게 일어나는지 다시 한번 설명해요.

> "내가 그리스도와 그 부활의 권능과 그 고난에 참여함을 알고자 하여 그의 죽으심을 본받아 어떻게 해서든지 죽은 자 가운데서 부활에 이르려 하노니" (빌 3:10-11)

부활, 즉 천국을 누리는 새로운 삶은 반드시 죽음이 전제돼야 한다고 말해요. 예수와 함께 죽어야 누릴 수 있는 거죠. 예수를 만나기 전의 기준을 버리고 주인을 바꿔야 한다는 거예요.

예수를 믿는다는 건 뭘까요? 거듭 말하지만, 단순한 지적 동의가 아니라 실질적으로 인생의 주인을 바꾸는 거예요. 예수를 믿기 전 내가 내 인생의 주인이었다면, 이제는 예수님이 주인이 되는 거죠.

인생의 주인을 바꾸는 자에게 주어지는 선물이 천국이에요. 주인을 바꾸면 진정한 행복을 누리게 돼요.

인생의 주인을 바꾸지 않으면 아무리 좋은 학벌, 직장, 재산을 가져도 천국을 누릴 수 없어요. 더 비참한 건 바울이 배설물로 여긴 것들을 가진 사람들을 부러워하며, 그걸 갖지 못한 걸 안타까워하며 사는 거예요.

열심히 사는 건 나쁘지 않아요. 열심히 살아야 하죠. 하지만 그것 때문에 인생이 한 단계 업그레이드되고 더 행복해질 거라고 생각하는 건 착각이에요. 오십보나 백보, 거기서 거기예요. 크게 달라지지 않거든요.

인생의 코페르니쿠스적 전환을 경험한 30대 자매님 이야기에요

이 자매님은 불교 유치원 출신으로 방학마다 지리산 절에서 보낼 정도로 불교에 심취했어요. 스물아홉 살 결혼 전에는 어머니를 모시고 정토회 법륜스님과 인도 성지순례를 갈 만큼 불교를 가까이했으며, 젊은 시절 환경문제에 관심이 많아 녹색당원이기도 했고 페미니즘을 좋아해 스스로를 에코부다페미니스트라고 칭하기도 했어요. 대학 시절에는 시위, 술, 춤, 해외여행 등으로 삶을 채우려 했지만, 즐거움, 쾌락, 유흥으로는 채울 수 없었다고 해요. 이후 미술사를 전공하며 예술 철학을 공부하고, 들뢰즈 철학이나 무라카미 하루키 소설을 통해 스스로 삶을 채울 수 있다고 믿으며 젊음을 보냈어요. 진리를 찾아 헤매는 동안 특수교사라는 좋은 직업을 얻게 되었고, 장애 유아를 가르치는 유치원 특수교사가 되었어요. 교회를 찾게 된 이유는 바로 아들 때문이었어요. 첫째 아이가 돌에서 두 돌 사이에 자폐인이 가지는 특성들을 보이기 시작했어요. 30개월일 때 서울대병원 소아정신과에서 정식으로 자폐 검사를 받

았고, 자폐에 해당하는 수치가 나왔어요. 특수교육과 지도교수님께 아이의 사회성을 위해 교회에 나가보라고 제안받았지만, 발달이 느린 아이들 엄마들이 모이는 카페를 밤새 검색하며 불안해하고 집착했어요. 특수교육 전문가로서 이러한 행동이 좋지 않음을 알면서도 결국 6개월을 그렇게 지내다가 교회에 오게 되었죠. 교회 다니면서 자매님은 인생의 코페르니쿠스적 전환을 경험했어요. 그 동안 진리를 찾아 헤매며 스스로 많은 수고를 하였지만 "하나님을 믿으면 제 힘으로 해야 한다고 했던 그 과거와 달리 하나님께 모든 걸 맡겨드릴 수 있다는 것"이 가장 좋다고 고백합니다. 교회 오기 전에는 모든 일을 스스로 선택하고 책임져야 했지만, 결국 하나도 자유로운 것이 아니었고, 성공하더라도 불안이 따라왔지만 교회에 와서 예배드리고 기도하며 공동체의 위로를 받으면서 "하나님 이끄는 삶을 사는 게 진짜 자유이고 진짜 평화"임을 알게 되었다고 해요. 인생의 주인이 바뀐 삶에서 진정한 행복을 발견했어요.

우리 인생에 코페르니쿠스적 전환을 가져다주는 핵심은 우리 중심에 누가 있느냐, 우리의 주인이 누구냐는 거예요.

예수님이 말씀하셨어요.

> "수고하고 무거운 짐 진 자들아 다 내게로 오라 내가 너희를 쉬게 하리라"
>
> (마 11:28)

우리가 내 인생의 주인 노릇하며 컨트롤하려는 모든 수고와 짐을 내려놓으라는 거예요. 예수님을 주인 삼으라고, 예수님의 멍에는 쉽고 가볍다고 말씀하시죠(마 11:30).

우리 인생의 주인을 예수님으로 바꾸길 원해요. 주인을 바꾼다는 건 가장 중요하게 여기는 것들을 바꾸는 거예요. 조금 중요한 걸 포기하는 건 어렵지 않아요. 하지만 가장 중요하게 여기는 걸 버리는 건 쉽지 않죠. 그런데 바로 그것을 버려야만 완전히 새로운 삶, 변화된 삶을 살 수 있어요.

> "보라 내가 오늘 너를 여러 나라와 여러 왕국 위에 세워 네가 그것들을 뽑고 파괴하며 파멸하고 넘어뜨리며 건설하고 심게 하였느니라" (렘 1:10)

하나님이 예레미야에게 주신 사명은 '뽑고 파괴하고 파멸하고 넘어뜨리는 것'이었어요. 왜 이런 파괴적 명령을 하셨을까요? 완전히 부서져야 그 위에 새로운 하나님 나라를 세우고 심을 수 있기 때문이에요.

우리가 소중히 여기는 것들 위에 하나님 나라를 세우는 게 아니에요. 우리가 소중히 여겼던 모든 걸 철저히 깨부술 때 그 위에 하나님이 당신의 나라를 세워가세요.

믿음이란 주인을 바꾸는 거예요. 내 생각과 뜻을 부수고, 내가 중요하게 여겼던 것들을 내려놓고, 주인 되신 예수님의 말씀을 붙잡는 거죠. 그럴 때 우리 삶에 하나님 나라가 세워져요. 여러분의 삶에도 이러한 코페르니쿠스적 전환이 일어나기를 진심으로 축복합니다.

【내 삶의 변화를 위한 질문과 실천】

　내가 중요하게 여기던 가치관을 파괴하고 삶의 중심을 '나'에서 '하나님'으로 근본적으로 옮기는 코페르니쿠스적 전환이 여러분의 인생에도 일어나도록 다음 질문들을 통해 자신의 삶을 돌아보고, 구체적인 실천 사항들을 통해 변화를 시작해 보세요.

• 생각해 봅시다

!) 내 삶에서 바뀌어야 할 '세상의 기준'은 무엇인가요?

!) 내 인생의 주인이 주님으로 바뀌었을 때, 나의 일상생활에서 가장 크게 달라질 점은 무엇일까요?

• 실천해 봅시다

!) 나의 삶에서 가장 중요하게 여기는 것 중 하나를 내려놓고 주님께 맡기기

!) 나의 뜻이 아닌 하나님의 뜻이 이루어지기를 간구하기

!) 주변 사람들에게 달라진 나의 모습을 통해 그리스도의 사랑 전하기

열 가 지
회　　개
이 야 기

초판 1쇄 인쇄 2025년 11월 10일
초판 1쇄 발행 2025년 11월 20일

지은이 이종필
펴낸이 김춘자
펴낸곳 목양북

등록 2024년 3월 22일 제2024-047호
주소 경기도 용인시 처인구 양지면 학촌로53번길 19
전화 070-7561-5247 **팩스** 0505-009-9585
이메일 mokyang-book@hanmail.net

Copyright ⓒ 킹덤처치연구소 2025

ISBN 979-11-993171-9-2 (03230)

* 본 저작물은 신저작권법에 의하여 한국 내에서 보호받는 저작물이므로 무단전재와 복제를 엄격히 금합니다.
* 책 값은 뒤표지에 있습니다.
* 잘못된 책은 교환하여 드립니다.